De toda la gente con la que he colaborado, Andrew Frazier es uno de los mejores. Él entiende fundamentalmente los desafíos que las pequeñas empresas enfrentan y puede desarrollar rápidamente soluciones reales que conlleven a resultados impresionantes que yo mismo he visto de primera mano. Además, con la herramienta de Evaluación de Generación de Valor (Value Builder Assessment tool) él puede ayudarte a medir rápidamente los fundamentos de tu negocio, facilitando el proceso de ayuda para que salgas adelante.

Gene Bohensky
Presidente de la Junta Alternativa del Norte de Nueva Jersey
Coach de Negocios certificado y Generador de Valor.
Archer Strategies

Andrew y **Desarrolla Tu Negocio Como Un Profesional** *son voces muy necesarias y ahora favoritas de los grandes empleadores en los Estados Unidos (los pequeños empresarios colectivamente). El libro es un texto ineludible que debería estar en la biblioteca personal de cada microempresario y especialmente en la de aquellos que aspiran a esferas empresariales de alto nivel, donde "el negocio opera y funciona sin la intervención de su dueño". El libro es también un recurso valiosísimo para coaches y consultores que buscan una referencia de fácil comprensión y que pueda ser usada para ayudar a incrementar la competitividad operativa de sus clientes, los dueños de pequeños negocios.*

David Greene
Presidente
Urbanomics Consulting Group

Dentro de las páginas de **Desarrolla Tu Negocio Como Un Profesional***, Andrew Frazier les provee a sus lectores una perspectiva sincera en la superación de los desafíos clave que los microempresarios y dueños de negocio enfrentan. Los ejemplos de este libro demuestran claramente como el Sr. Frazier aplica su comprensiva experiencia empresarial para ayudar a aquellos pequeños propietarios que lo han invertido todo para alcanzar sus sueños, transformando ideas y planes en estructuras empresariales sustentables.*

John E. Harmon, Sr. IOM
CEO, African American Chamber of Commerce of New Jersey.
Ex presidente de la National Black Chamber of Commerce

El libro de Andrew es una guía práctica para que los propietarios de pequeños negocios sepan qué deben revisar, porqué y cómo necesitan revisarlo. Y más importante aún, les provee un curso de acción prescrito a seguir. Encontrarás un montón de muestras reales sin ninguna restricción y con total transparencia. Los poderosos casos de estudio demuestran claramente el camino que el autor sigue en la orientación de compañías desde situaciones desafiantes a coyunturas de oportunidad y que nos sirven como prueba social de la credibilidad de sus remedios. La línea del encabezado del libro lo dice todo: "Cuanto más sabes, más rápido creces"

Arthur Jones
Consultor Principal
The Art of Standing Out, LLC

"La metodología de la profesionalización de la microempresa delineada en este libro ha ayudado a muchos emprendedores de Rising Tide Capital no solamente a sobrevivir sino también a prosperar"

Alfa Demmellash
CEO
Rising Tide Capital

Empecé tu libro un jueves por la noche y no puede dejarlo hasta terminarlo... Esa manera de abordar un tema tan complejo de una forma tan simple y de exponer el paso a paso en una forma comprensible y aplicable para cualquiera. ¡Hubiera deseado tener este "mapa" cuando empecé mi propio negocio!

- Mi sección favorita - ¡Lo que no sabes te hará daño!
- Sin ventas y marketing, no hay negocio... ¡Si!
- Enseñanzas clave - síguele la pista al libro, sus conclusiones criticas están capturadas y recapturadas a lo largo de él.

Dr. John Kennedy
CEO
New Jersey Manufacturing Extension Program, Inc.

Andrew Frazier tiene gran compromiso y pasión ayudando a pequeños propietarios y microempresarios a desarrollar las herramientas y técnicas necesarias que los capacite y los impulse a crecer y a prosperar en el entorno dinámico de hoy. Su libro delinea las técnicas que cualquier negocio en cualquier industria puede desplegar para alcanzar sustentabilidad a largo plazo. Además, el apoyo de Andrew a la comunidad urbana de pequeños negocios hace de él un verdadero activo en el ecosistema empresarial de New Jersey

Judith Sheft
Vicepresidenta Asociada
Technology & Enterprise Development
New Jersey Innovation Institute @ NJIT

"Esta es una verdadera guía del sentido común. Enseña cómo manejar tu negocio como una verdadera empresa, no como un pasatiempo o un hobby. Para aquellos que necesitan dirección en los aspectos básicos del éxito, este es el libro adecuado"

John J. Webb
CEO y Socio de Gestión
Quantum Reach

Las estrategias clave para alcanzar el éxito en los pequeños negocios son, a menudo, diferentes de aquellas aplicadas a grandes compañías. La principal diferencia está en la cantidad de tiempo que debe ser invertido DENTRO del negocio versus SOBRE el negocio. Encuentro este desafío y otros bastante bien delineados aquí. Andrew Frazier recomienda en su libro algunas técnicas clave, aprendidas en mi caso por el camino duro, que cada pequeño propietario de negocio puede y debe aplicar para alcanzar sustentabilidad de largo plazo y crecimiento.

Martin Zwilling
Fundador y CEO
Startup Professionals

Andrew Frazier, MBA, CFA

PRÓLOGO POR ALFA DEMMELLASH

SMALL BUSINESS LIKE A PRO, LLC

NEW JERSEY

Este libro está disponible con descuentos especiales para mayoristas, promociones de ventas, primas, recaudación de fondos o uso educativo.

Para más detalles contacte al correo electrónico:
info@SmallBusinessLikeAPro.com

Small Business Like A Pro, LLC.

Correo electrónico: info@SmallBusinessLikeAPro.com

Sitio Web: www.SmallBusinessLikeAPro.com

Derechos de © 2018 Andrew Frazier Jr.

Todos los derechos reservados. Ninguna parte de esta publicación puede ser reproducida, almacenada en un sistema de recuperación o transmitida en cualquier forma o por cualquier medio electrónico, mecánico, fotocopia o grabación sin el permiso previo por escrito del editor, excepto en caso de citas breves incorporadas en artículos críticos y comentarios.

Diseño de portada: Andrew Frazier Jr.
Diagramación: Andrew Frazier Jr.
Editores: Barry Cohen y Joycelyn Frazier
Fotógrafo: Tamara Fleming
Número de control de la Biblioteca del Congreso: xxxxxxxxxx
ISBN 978-1-970129-11-3
Impreso en los Estados Unidos de América
Primera edición: agosto de 2018

Dedicatoria

A mi familia

A mi maravillosa esposa Janae, mi hija Joycelyn quien está empezando su experiencia universitaria en la Universidad Kingston en Londres y a mi hijo Andrew III (Tre) quien está en el camino de ganar su rango de Scout Águila este año. Gracias por apoyarme durante todos los altibajos en mi carrera como emprendedor.

A mi difunto tío Dennis "Buddy" Strong Jr., CIMC

Aprecio el tiempo que tomaste en enseñarme pacientemente la sabiduría de un consultor de gestión de clase mundial. Gracias por viajar desde Barbados hasta New York en pleno invierno para ser el orador destacado invitado en mi evento POWER BREAKFAST. Seguiré transmitiendo el conocimiento que tu compartiste conmigo y que beneficiará grandemente a muchos otros.

A los pequeños propietarios de negocio y emprendedores

Agradezco que impulsen las transformaciones de cada día en búsqueda del sueño americano. Están aquellos que miran las cosas suceder y también están aquellos que hacen que las cosas sucedan, y luego están los que preguntan qué fue lo que sucedió. Gracias por tomar el camino menos transitado y salir al campo de juego. Es un placer y un honor compartir lo que he aprendido para ayudarlos a ser exitosos en sus esfuerzos empresariales.

Agradecimientos

Este otoño se cumplen cuarenta años desde que me embarque, junto a mi hermano Evan, en el viaje de mis primeros pequeños negocios. En aquel entonces era una ruta de papel para la "Prensa de Pittsburgh". Mi camino, aun a pesar de ser largo y difícil, ha rendido inolvidables experiencias de aprendizaje. Graduado del MIT, serví en la Marina y luego trabajé para una gran compañía privada que me ayudó a fortalecer mi análisis, mis operaciones y mis habilidades de liderazgo. Buscando un MBA en NYU, trabajando en grandes corporaciones, ganando una Designación de Charter Financial Analyst (CFA) y jugando roles de liderazgo en organizaciones sin fines de lucro, desarrollé toda mi experticia en gerencia, administración y finanzas. Finalmente, he completado el circulo desde mis raíces en el emprendimiento a través de mi labor como coach, consultor y entrenador de emprendedores y pequeños propietarios de negocios por los últimos diez años. Ha sido una gran aventura; he conocido miles de personas maravillosas a lo largo del camino. No puedo esperar por lo que aún aguarda en el futuro.

Estoy agradecido a Dios por guiarme a través del proceso de redacción de **Desarrolla Tu Negocio Como Un Profesional** a lo largo del prolongado proceso en la realización de este libro.

No hubiera podido terminar sin tanto apoyo. Gracias a mi familia, amigos, colegas, socios empresariales, clientes y grupo de mentores por todo el ánimo y apoyo que me proveyeron desde el principio.

Arthur Jones fue clave en el desarrollo del concepto de este libro durante nuestras largas conversaciones telefónicas sobre el manejo de pequeñas empresas. Él me ayudó a descubrir la historia detrás de mi travesía hacia el liderazgo y a entender como esto se traduce en quién soy y qué hago. Art leyó con frecuencia mis borradores, proporcionándome una brutalmente honesta retroalimentación sobre lo que faltaba y lo que no para hacer del libro una estructura coherente, desafiándome constantemente a transmitir la historia detrás del mensaje, en lugar de solo hechos y datos. Sus esfuerzos me han ayudado a hacer de la lectura de este libro algo realmente fácil y disfrutable, cosa que sin él no hubiera sido posible.

Este libro no hubiera podido ser completado si no fuera por mi consultor y coach editorial Barry Cohen, dueño de AdLab Creative. Siempre estaré agradecido por su paciencia y motivación a lo largo del camino. Barry siempre llamaba a la hora oportuna en nuestras sesiones para preguntar "¿Como puedo ayudarte a terminar esto?". Él fue más allá de los obstáculos ayudándome a superar el hecho de haber abandonado la clase de escritura en 12vo grado. Su experiencia y visión probaron ser extremadamente valiosos a través del proceso de redacción de este libro.

Alfa Demmellash es verdaderamente una pionera transformando vidas y comunidades a través del emprendimiento. Para ella tengo un muy especial agradecimiento por su generosa contribución en el desarrollo del prólogo. Estoy profundamente honrado de tener su apoyo y compromiso en este proyecto.

Mi hija Joycelyn, ahora estudiante del segundo año en la Universidad Kingston en la carrera de Escritura Creativa e Inglés hizo valiosas contribuciones en la edición de este libro, asegurándose de que comunicara los conceptos en su punto correcto en una forma en la que cualquiera pudiera entenderlos. Le agradezco especialmente que se tomara el tiempo el día de su cumpleaños para hacer una última revisión del libro antes de ser enviado a imprenta. Joycelyn planea desarrollar una carrera como publicista, empezando primero como editora. ¡Qué bien que pude aprovecharla ahora que sus servicios son aún asequibles!

A Víctor Nichols, CEO de DMC Publishing, por revisar mi manuscrito durante sus vacaciones. Fue muy motivador que encontrara el contenido del libro cautivador y útil para los propietarios de pequeños negocios. También le agradezco el haberme advertido no obsesionarme con el perfeccionismo que no me permitiría terminar el trabajo a tiempo. Como bono adicional su esposa, que es editora, le dio un vistazo a mi borradore indicándome valiosas correcciones.

Agradezco significativamente a Rising Tide Capital, a Small Business Development Center (SBDC) y al New Jersey Manufacturing Experience Program (NJMEP) por la oportunidad de trabajar con sus emprendedores y propietarios de pequeñas empresas. Estas experiencias me permitieron ganar conocimiento útil en el proceso de colaboración. Estas interacciones fueron instrumentales en la construcción de mi expertica en el reconocimiento de los patrones que llevan al desarrollo del Sendero Crítico SBPro y a la Metodología SBPro.

Agradecimientos especiales a todos mis clientes, especialmente a aquellos que me permitieron usar su experiencia como un ejemplo para otros. Disfruté mucho haber trabajado con ustedes y espero poder participar de su éxito en el futuro.

Por último, pero no menos importante, quiero agradecer a mi hermano menor Evan Frazier, por terminar su libro *Most Likely to Succeed: The Frazier Formula for Success*, hace diez años. Es un gran recurso que ha impactado positivamente la vida de muchos, así como espero que suceda con mi trabajo. Sin duda, usé su libro como modelo y fuente de inspiración. A pesar de nuestra naturaleza competitiva, él fue un apoyo increíblemente motivador durante todo el proceso.

Gracias a ti por comprar este libro que es solo el principio de un viaje maravilloso. Invito cualquier sugerencia, comentario o idea que pueda aportar aún más valor para el beneficio de otros. Por favor, comparte cualquier deseo o necesidad que tengas con relación a recursos, conexiones o información en el mundo de la pequeña empresa que pueda ser de utilidad. Nosotros velaremos por el desarrollo de una plataforma compresiva que sirva a las necesidades de los emprendedores en la región, a lo largo del país y también del mundo.

Tabla de Contenidos

DESARROLLA .... *v*
Dedicatoria .... *vii*
Agradecimientos .... *viii*
Prólogo *1*
Prefacio *4*
Introducción *7*
Sección I ¡Lo que no sabes te HARÁ daño! *10*
   Capítulo 1 - ¿Cómo llegué aquí? *11*
   Capítulo 2 - ¿Cuál es mi trabajo más importante? *23*
   Capítulo 3 - ¿Cuál es mi mayor miedo? *40*
   Capítulo 4 - ¿Dónde encontraré el dinero? *52*
   Capítulo 5 - ¿Soy yo o mis empleados están locos? *66*
   Capítulo 6 - ¿Puedo tener mi antiguo trabajo de vuelta? *73*
   Capítulo 7 - ¿Cómo lograré retirarme? *80*
Sección II ¡Esta es la forma de lograrlo! *87*
   Capítulo 8 - Desarrolla tu negocio como un profesional *88*
   Capítulo 9 - Paso 1: Evaluación & Previsión *95*
   Capítulo 10- Paso 2: Análisis y Recomendaciones *103*
   Capítulo 11 – Paso 3: Implementación y Seguimiento *114*
Conclusión *125*
Enseñanzas Clave *127*
Sección I ¡Lo que no sabes te hará daño! *128*
Sección II ¡Esta es la forma de lograrlo! *131*
Lecturas Recomendadas (inglés y español) *133*
Biografía del Autor *135*
Página Web *137*
Redes Sociales *138*
Small Business Like A Pro *139*
Universidad Small Business Pro (SBProU) *140*
Ofertas SBProU *141*
Prensa SBProU *142*
Oferta especial *143*

Prólogo

Aprendí tantas lecciones de mi madre. Ella dejó su natal Etiopía en 1982 después del Terror Rojo, para vivir luego en un campo de refugiados y finalmente llegar hasta Boston. Al principio trabajaba como mesera por las mañanas y cosía vestidos por las noches: un pequeño negocio que ella misma creó para tener un ingreso extra que le permitiera traerme a vivir con ella a los Estados Unidos. Después de sobrevivir una dictadura brutal en Etiopía, una larga década de separación de mi madre y un secuestro, vine a los Estados Unidos sin saber una pizca de inglés y aun así logré entrar a Harvard cinco años después. Sin la perseverancia de mi madre y su pequeño negocio, quien sabe que hubiera sido de mi o que estaría haciendo.

Estas prematuras experiencias de vida combinadas con la necesidad de aprender inglés a mi llegada a EE. UU. y los desafíos de integrarme en una nueva cultura, han formado en mí una profunda convicción de que nada es imposible. Estas experiencias también me han dado una apreciación de la importancia del emprendimiento en las comunidades que trabajan duro, pero están subatendidas. Ese entendimiento me llevó a fundar Rising Tide Capital, una organización sin fines de lucro en New Jersey. Nuestra misión es transformar vidas y comunidades a través del emprendimiento. Nuestra visión es ser catalizadores del empoderamiento económico y social.

Rising Tide Capital suministra servicios de desarrollo empresarial diseñados para transformar vidas ayudando a individuos a empezar y hacer crecer empresas exitosas; construir comunidades a través de la colaboración con otras organizaciones sin fines de lucro, instituciones de educación superior, corporaciones y agencias públicas y crear modelos de programas escalables de impacto medible que puedan ser replicados en comunidades con necesidades a lo largo de Estados Unidos.

Existimos para ayudar a emprendedores como tú a empezar y a expandir su propio negocio, proveyendo la mejor educación en gestión empresarial, planificación y servicios de apoyo. Andrew Frazier es uno de nuestros mejores coaches, trabajando con más de 100 de nuestros emprendedores y dueños de negocio durante los últimos cinco años. Él ha ayudado a muchos de ellos a incrementar sus ingresos y su rentabilidad usando la Metodología SBPro de **Desarrolla Tu Negocio Como Un Profesional**. Él también ha dirigido nuestro Programa Inicial de Preparación para el Préstamo y ha ayudado a los dueños de negocio de Rising Tide Capital a obtener más de 500.000USD en finanzas. Adicionalmente, ha sido un instructor popular de nuestro Programa Insignia de 12 semanas de la Academia de Negocios Comunitarios.

La aventura de Rising Tide Capital empezó en Jersey City, New Jersey en 2004. Desde entonces hemos sido reconocidos por el presidente Obama por innovación social, hemos celebrado la graduación de nuestro estudiante número 2500 de la Academia de Negocios Comunitarios y hemos lanzado innovadores y nuevos programas destinados a servir mejor a las necesidades de nuestros emprendedores. Inicialmente, nos expandimos a Newark, New Jersey y luego a cuatro ciudades más. La primera de muchas iniciativas nacionales que replican el modelo de Rising Tide Capital fue lanzada en Chicago. Nos mantenemos dedicados a nuestra visión y continuaremos innovando en el servicio de nuestra meta.

Sin coaches dedicados e instructores como Andrew, quien desarrolla e inspira a nuestros emprendedores, no podríamos alcanzar nuestra misión. Él ha contribuido en gran manera a nuestra organización y al éxito de nuestros emprendedores. Estoy muy emocionada de que **Desarrolla Tu Negocio Como Un Profesional** esté disponible como un maravilloso recurso para nuestros coaches, instructores y emprendedores, gracias a que las metodologías de SBPro delineadas en el libro han ayudado a muchos emprendedores de Rising Tide Capital no solamente a sobrevivir sino también a prosperar.

Usa las lecciones de **Desarrolla Tu Negocio Como Un Profesional** para prepararte para las oportunidades de negocio venideras y para los inevitables desafíos del emprendimiento. Si consistentemente aplicas la Metodología SBPro, el hecho de que nada es imposible también será verdad para ti. Mantén los ojos abiertos, pensamientos positivos y un continuo compromiso con el aprendizaje. La imaginación es tu mejor amigo. El futuro promete constante cambio y tu capacidad imaginativa, de adaptación y de paciencia contigo mismo durante el manejo del proceso creativo abrirá incontables oportunidades de éxito. Pase lo que pase, no dejes que el miedo al fracaso o al éxito se interpongan en el camino de realizar tus sueños y objetivos. ¡Tú también, puedes **Desarrollar tu negocio como un profesional**!

Sinceramente.

Alfa Demmellash

CEO

Rising Tide Capital

www.RisingTideCapital.org

Prefacio

Desarrolla Tu Negocio Como Un Profesional comparte visiones de gran valor extraídas de las experiencias de coaching y consultoría con más de 250 dueños de pequeña empresa, así como también de mis esfuerzos empresariales y trabajo organizacional con las comunidades. Es una compilación de enseñanzas clave e importantes perspectivas construidas a partir de muy diversas experiencias con múltiples organizaciones.

Como coach y consultor de pequeños empresarios, he notado algunos patrones y temas comunes:

1) Muchas estrategias esenciales para alcanzar el éxito en la pequeña empresa son por lo general muy diferentes de aquellas que se aplican a grandes compañías. Los pequeños negocios deben ser mucho más creativos y flexibles para competir efectivamente.

2) Hay una vía especifica por la que los pequeños negocios se pueden convertir en algo más que un autoempleo. Desafortunadamente, la mayoría de los microempresarios la ignoran o la ejecutan inadecuadamente.

3) La mayoría de los pequeños propietarios no entienden su modelo de negocio ni el impacto que la relación entre las diferentes partes de su negocio tiene. Como resultado, el negocio maneja al propietario en lugar del propietario manejar al negocio.

4) Muy pocos consultores empresariales y coaches de negocios toman una aproximación holística en el momento de ayudar a los propietarios a alcanzar el éxito. Usualmente, estos son expertos en una función específica del negocio (por ejemplo, ventas, marketing online, tecnología, operaciones, contabilidad, etc.) mientras que ignoran las otras.

5) Hay tanto que los pequeños propietarios necesitan saber y es imposible saberlo todo. En todo caso, como emprendedores deben mantenerse en continuo aprendizaje y saber rodearse de aquellos que tengan habilidades complementarias.

Además de trabajar codo a codo con los pequeños propietarios de negocio, me dedico a enseñar contabilidad, emprendimiento y cursos financieros. También he producido y organizado los eventos POWER BREAKFAST para emprendedores, dueños de empresa y líderes organizacionales con más de 1000 asistentes durante los últimos 7 años. En él recargamos baterías proveyendo a los asistentes un foro enfocado en el aprendizaje de las mejores prácticas empresariales, disfrutamos del gran equipo de trabajo formado con otros dueños de negocio y ganamos conocimiento útil que puede ser puesto en práctica inmediatamente en sus organizaciones. El orador destacado invitado a cada evento es un líder y coach en microemprendimiento de clase mundial. Posterior a los eventos también producimos talleres y paneles facilitados por expertos dentro del ecosistema empresarial local.

Desarrolla Tu Negocio Como Un Profesional es el próximo paso en la evolución de mi camino para ayudar a emprendedores y dueños de pequeña empresa a sortear satisfactoriamente los desafíos propios que deben enfrentar. Es una estrategia de tres vértices diseñada específicamente como guía para aquellos que buscan el conocimiento y la experiencia que necesitan para prosperar. Incorpora a Brain Trust Initiative (eventos y actividades), Advisory Services (coaching, consultoría y entrenamiento) y Knowledge Centre (recursos, contenido y certificación). Usando la metodología de Small Business Pro (SBP) delineada en este libro, puedes aprender lo necesario para desarrollar y expandir tu pequeño negocio satisfactoriamente.

Una vez me fue contada una historia sobre un gran empresario al que le preguntaron el secreto de su éxito. Él dijo: "el secreto de mi éxito consiste en tomar buenas decisiones en los negocios", entonces el entrevistador insistió "si, eso suena muy bien, pero ¿cómo fue que aprendió a tomar esas buenas decisiones?", a lo que el hombre respondió "lo hice tomando malas decisiones y aprendiendo de ellas."

La clave para convertirse en un emprendedor exitoso y un buen dueño de negocio consiste en aprender cómo tomar las mejores decisiones. Hay dos principales formas para ganar el conocimiento necesario para tener éxito en los negocios: o pierdes dinero o te preparas y planificas adecuadamente. ¿cuál preferirías?

Leyendo ***Desarrolla Tu Negocio Como Un Profesional*** aprenderás cómo planificar efectivamente y a entender mejor cuáles son los factores clave que controlan tu negocio. Este libro también te dará la oportunidad de aprender lecciones de algunas de las malas decisiones que yo y muchos otros emprendedores hemos tomado en el pasado, y aunque caigas en alguno de los errores en los que todos hemos incurrido, estarás mejor preparado para construir y levantar un negocio exitoso.

Me alegra que tomes este libro como recurso y estoy agradecido por la oportunidad de participar en tu viaje empresarial. Espero con ansias poder guiarte a lo largo del camino y es mi honor proveerte con parte de la motivación, educación y experiencia necesaria para alcanzar tus metas empresariales. ¡Empecemos!

Sinceramente.

Andrew Frazier, MBA, CFA

Business Pro en Small Business Like A Pro

Introducción

El Problema

En nuestros días, compañías en todos los sectores de la economía están enfrentando desafíos nunca antes vistos para adaptarse a las grandes presiones competitivas en la carrera por la innovación empresarial. Esta presión, que afecta a todo tipo de empresas y emprendimientos, es especialmente dura para pequeños negocios que afrontan limitaciones en gestión de recursos y acceso a capitales de financiación. Desafortunadamente, es frecuente que los microempresarios se enfrenten a tales obstáculos y se replanteen sus modelos solo cuando "ya se han estrellado contra la pared". Puede parecer casi imposible para pequeños negocios gestionados por familias, minorías, mujeres o veteranos, competir efectivamente en áreas urbanas con falta de capital y sobre todo de educación y orientación adecuada. Sin embargo, estos negocios pueden "aprender" a prosperar sacando provecho de su tamaño, flexibilidad y creatividad para entregar una propuesta de valor única enfocada en clientes localizados en el nicho de mercado idóneo.

Desarrolla Tu Negocio Como Un Profesional es una llamada a la acción para pequeños propietarios. Es una versátil fórmula adaptada para florecer en cualquier ambiente empresarial, en la que se provee información clave, orientación competente y valiosas herramientas que te asistirán a través de tu viaje como microempresario. Este libro delinea el camino determinante que los propietarios de pequeños negocios necesitan seguir. Este programa se enfoca en proveer mediante tres áreas fundamentales, a saber:

1. Conocimiento del negocio: los pequeños empresarios entienden su producto o servicio, pero no entienden su modelo de negocio ni las mejores prácticas para tener éxito en él.
2. Relaciones empresariales: los dueños de negocio tienden a trabajar aisladamente en lugar de desarrollar equipos de trabajo estructurados que posibiliten el crecimiento.
3. Recursos: los microempresarios no están conscientes de la gran cantidad de recursos a su alcance, y tienden a buscar ayuda demasiado tarde.

El rol que los pequeños negocios juegan en el crecimiento de la economía es fundamental, pues al contrario de lo que se cree, su capacidad en la consistente creación de empleo es superior a la de las grandes empresas. En 2014, de acuerdo con la US Small Business Administration (SBA), las pequeñas empresas crearon 1.4 millones de nuevos empleos de los cuales el 39% corresponden a empresas con menos de 50 empleados. Dicho esto, echemos un vistazo a la tasa de mortalidad de pequeñas empresas. Al rededor de dos tercios de las empresas logran sobrevivir los dos años, mientras que la mitad de éstas logran alcanzar el lustro y menos de un tercio sobrevivirá la década. De acuerdo con un estudio del U.S. Bank, el 82% de las empresas fallan a causa de problemas en el flujo de efectivo. El top 3 de los desafíos en la gestión y éxito de un negocio de acuerdo con la Encuesta a Pequeñas Empresas realizada por la National Small Business Association (NSBA) son la incertidumbre económica, los altos costos de los beneficios del seguro de salud y un descenso en el gasto de los consumidores.

Obtener suficiente financiación es también un enorme problema para algunos: 27% de los propietarios encuestados por la NSBA manifestaron su imposibilidad para conseguir los fondos necesarios. Para ellos, el mayor y más frecuente impacto que esta ausencia de fondos produce es la restricción en el crecimiento del negocio, especialmente en negocios cuyos propietarios son mujeres o minorías. Pepperdine University ha realizado encuestas similares con similares resultados, aproximándose a pequeños propietarios en relación a sus dificultades en el acceso a capitales de financiación

La creciente economía gig (o economía de los pequeños encargos) ha generado dinámicas tanto positivas como negativas para los microempresarios. Un estudio de Intuit predijo que para el 2020, 40% de los trabajadores estadounidenses serán contratistas independientes. Las fuerzas detrás del ascenso de los empleos de corto plazo en la era digital tienen que ver con la globalización, la reducción corporativa y la aparición de una creciente fuerza de trabajo móvil, además del envejecimiento de una generación de trabajadores con habilidades heredadas que no se han actualizado frente a las trasformaciones de la era digital, como por ejemplo la capacidad de trabajar desde prácticamente cualquier lugar del planeta. Ello implica la posibilidad de contratar freelancers (trabajadores independientes) alrededor de todo el mundo para pequeños trabajos y proyectos temporales, que permite tomar lo mejor de un vasto número de candidatos a muy buen precio y con alta eficiencia laboral. En todo caso, también implica el aumento de la economía gig mediante el imponente crecimiento en el número de trabajadores freelancers y el consecuente endurecimiento de la competencia en este mercado.

La Solución

Este libro aborda los temas fundamentales que te proveerán las visiones y perspectivas necesarias para manejar tu negocio de forma profesional. Los capítulos en la Sección I - "¡Lo que no sabes te hará daño!" delinean las enseñanzas esenciales extraídas de mis experiencias trabajando como consultor de emprendedores y pequeños propietarios. Cada uno se enfoca en el manejo de los mayores desafíos que los dueños de negocio enfrentan, proveyendo soluciones mediante visiones, ejemplos reales y actividades aplicables. Los capítulos de la Sección II - "¡Esta es la forma de lograrlo!" están dedicados a la Evaluación y Metodología SBPro para **Desarrollar tu Negocio Como Un Profesional.** Ellos proveen un proceso paso a paso que guiará tu aventura hacia el crecimiento y hacia la realización de las metas fijadas en tu vida y en tus negocios.

Sección I
¡Lo que no sabes te HARÁ daño!

Capítulo 1 - ¿Cómo llegué aquí?

Razón fundamental

Hay tres causas por las cuales las personas incursionan en los negocios: 1) por razones personales, 2) por objetivos profesionales, y 3) por motivación financiera, o incluso puede ser una combinación de las tres.

Las razones personales incluyen la libertad, la flexibilidad o la estabilidad. ¿Por alguna de estas razones te involucraste en los negocios?

Los objetivos profesionales incluyen a menudo la ambición por el trabajo soñado, autorrealización o simplemente marcar una diferencia. ¿es por esto por lo que te convertiste en emprendedor?

La motivación financiera consiste simplemente en el deseo de hacer dinero, volverse rico y exitoso. Por supuesto, si tiene que ver con negocios, ojalá que la motivación financiera sea parte de tu razón fundamental.

Independientemente de que tus razones fueran implícitas o explicitas, tenías ciertas expectativas acerca de los grandes beneficios de convertirte en dueño de negocio.

Aun a pesar de esto, muchos propietarios no han alcanzado su visión original respecto a convertirse en emprendedores. Muchos de ellos tampoco están seguros sobre como alcanzarla y como resultado quedan atrapados en la rutina, sintiéndose impotentes de mover su negocio al siguiente nivel. ¿Has estado alguna vez allí?

Si es así, este libro es definitivamente para ti.

SBPro® Razón Fundamental del Negocio

Copyright©2018 Andrew Frazier Jr. All Rights Reserverd

Propósito

Es importante conocer y estar claro respecto al propósito de tu negocio, pues tu propósito será el guía de la planificación estratégica. También éste impactara sobre la forma en la que mides el éxito. Analicemos los negocios bajo los términos de cuatro diferentes categorías:

1. **Hobby**: es una actividad en la que nos involucramos "por deporte" o recreación, pero no para extraer un beneficio comercial de ella, aun incluso si se obtienen ganancias ocasionales de su ejecución. El propósito principal puede ser cualquiera excepto hacer dinero.
2. **Sin fines de lucro:** son organizaciones enfocadas en lograr determinada misión no empresarial. En lugar de generar rentabilidad se dedican a destinar o distribuir su ingreso a un bien u objetivo mayor.
3. **Autoempleo:** son individuos que producen su propio ingreso mediante operaciones comerciales o empresariales que son manejadas directamente por ellos mismos.
4. **Empresa:** es una organización orientada a los negocios y formada específicamente sobre la base de la iniciativa, los esfuerzos empresariales y el riesgo personal de sus fundadores en búsqueda del lucro.

Por ejemplo, nuestro negocio familiar empezó primero como un hobby. Inicialmente mi abuelo abrió un negocio de limpieza en seco en Pittsburgh, mientras trabajaba simultáneamente en dos trabajos a tiempo completo. Aunque dedicó tiempo y sacó algo de dinero de este negocio, él se lo tomaba como una forma de salir de casa y pasar tiempo con los amigos. A través del tiempo, el negocio creció y se fue convirtiendo más en un autoempleo una vez que mi abuelo se retiró de su trabajo oficial. Cuando su salud empezó a quebrantarse varios años después, mi tío compró el negocio con aspiraciones de expandirlo y transformarlo en una empresa. También compró otra tienda de limpieza en seco, luego abrió varias sucursales y se aseguró varios contratos de servicio con diferentes compañías. El negocio aún le pertenece a mi tío y ahora está en el proceso de traspasarlo a su hijo.

Es común que, en algunos negocios, la misión esté enfocada en las necesidades y deseos del emprendedor y su impulsividad por hacer dinero, en lugar de enfocarse en las necesidades del consumidor. Con la mayor frecuencia estos negocios son difícilmente sostenibles, dependiendo de la posibilidad de encontrar un nicho de mercado que esté realmente interesado en el producto o servicio ofrecido. Muchas veces a estos negocios les iría mejor como organización sin fines de lucro y probablemente deberían serlo. Me he encontrado con que muchos propietarios rechazan que sus negocios sean identificados con organizaciones sin fines de lucro o como hobby, cuando a efectos prácticos eso es lo que son. Este conflicto generalmente lleva al negocio a no ser capaz de alcanzar sus metas financieras, arrastrando a su propietario a una terrible frustración. Cuanto más rápido identifiques el propósito de tu negocio, mejor será para ti y para su sostenibilidad. Esto te permitirá trazar metas apropiadas que puedan ser medidas para alcanzar el éxito. No hay nada malo con tener estos tipos de negocios, siempre y cuando entiendas que su éxito no debe ser medido en los mismos términos de negocios lucrativos.

Me he encontrado con emprendedores que aspiran a tener organizaciones no lucrativas y empresas al mismo tiempo, o incluso dos empresas simultáneamente. Esta no es una estrategia recomendable, dado que es suficientemente difícil lograr que un negocio sea exitoso a la vez. Es clave que tus esfuerzos estén enfocados y no empezar una segunda iniciativa hasta que la primera ya esté encaminada. Mi recomendación es siempre escoger un negocio, preferiblemente el que producirá un margen de rentabilidad. Recuerda que tú puedes ayudar solo si estás situado en una posición sólida y fuerte. Es mejor que te dediques a levantar tu negocio y a poner tus finanzas en orden antes de emprender alguna iniciativa sin fines de lucro. Además, en mi opinión, hay muchísimas organizaciones sin fines de lucro sub financiadas allá afuera y es usualmente mucho mejor apoyar estructuras ya existentes con dinero e incluso con voluntariado, que embarcarse en un esfuerzo aislado. La mayor parte de las personas no se da cuenta de que es más difícil empezar una organización sin fines de lucro que una con fines lucrativos.

La economía actual, también conocida como economía gig, es un fenómeno que merece nuestra atención. Por una parte, la disrupción tecnológica ha permitido que se generen muchos puestos de trabajo que son tercerizados por las compañías. Es decir, que estas empresas al poder acudir a un nuevo mercado laboral compuesto de trabajadores freelancers que pueden trabajar desde cualquier parte del mundo, pueden efectuar reducciones corporativas, prescindir de gastos de nómina y enfocarse en sus competencias más específicas. En 2016, cerca de 53 millones de estadounidenses eran freelancers: ¡esto es el 34% de la fuerza de trabajo! Proyecciones muestran que para 2020 esta cifra ascenderá al 43%. Por ejemplo, la mayoría de los artistas gráficos ya no trabajan para una sola compañía, sino que han desarrollado una cartera de clientes que les proporcionan su base regular. Estos tipos de trabajos tienden a enfocarse en generar un autoempleo para el empresario, en lugar de buscar expansión para convertirse en empleadores. En todo caso, tampoco hay nada malo con este modelo y, sin embargo, hay limitaciones en tiempo, recursos y capacidad de crecimiento. El valor y la escalabilidad de este tipo de negocios es usualmente muy limitada.

"Concentrar esfuerzos en crear una empresa capaz de operar independientemente del dueño"

En mi opinión, la mayoría de los negocios deberían enfocarse en convertirse en empresas con el fin de alcanzar el máximo valor y nivel de éxito empresarial. La meta de una empresa es crecer y volverse autosustentable y, eventualmente, ser capaz de funcionar independientemente del propietario/fundador. Incluso el propósito de compañías sin empleados puede ser estructurarse basadas en la misión, la visión y el plan. También negocios que empiezan en otras categorías pueden convertirse en empresas a medida que el dueño expand su mentalidad y sus metas. Eventualmente, muchos propietarios de negocios que operan bajo un autoempleo buscan convertirse en empresas en cuanto el dueño se enfrenta con sus limitaciones de tiempo, sociabilidad o estancamiento o, en otras palabras, cuando el emprendedor se da cuenta de que es un esclavo de su propio negocio.

¿Como categorizarías el propósito de tu negocio?

SBPro® Propósito del Negocio

Crecimiento

La mayoría de los propietarios de negocio no tienen una mentalidad de crecimiento, es decir, no están pensando en crecer en lugar de solo mantenerse o sobrevivir. Dado el estado de continuo cambio y transformación que nos rodea, quedarse quieto equivale a quedarse atrás. Como propietario de negocio debes enfocarte en alcanzar este crecimiento en muchas áreas; la principal es tu conocimiento y entendimiento sobre los negocios, en particular aquel en el que estás involucrado. En tanto que tú eres el líder y responsable de tu negocio, nadie está más comprometido ni tiene mayor impacto que tú. Los propietarios de negocio deben estar preparados, bien versados y capacitados para hacer lo que sea necesario. Tu desarrollo personal y profesional es de la mayor importancia. Eso no quiere decir que no cometerás errores, sino que con la preparación adecuada estos serán pequeños, lo que te permitirá aprender de ellos a muy bajo coste. Los dueños de pequeña empresa deben ser también inquisitivos y estar siempre prestos al aprendizaje, buscadores de buenos consejos de otros propietarios, lideres organizacionales y consultores. Al final del día, tu negocio llegará hasta donde tu seas capaz de llevarlo.

"Centrarse en el aumento de ingresos, ganancias o capacidad"

Los dueños de negocio son responsables de establecer la organización de los objetivos de rendimiento. Si no hay un enfoque en el crecimiento de los ingresos, rentabilidad y capacidad, el crecimiento no sucederá espontáneamente. Para mantener la sostenibilidad de tu negocio, deberías tener un plan de crecimiento anual. Las organizaciones en crecimiento crean oportunidades para los propietarios y empleados de desarrollarse profesionalmente y mantenerse comprometidos. Al fin y al cabo, la expansión es necesaria en la creación del negocio que deseas.

Al principio, los propietarios deberían enfocarse en pequeños nichos de mercado. Esto les permite concentrarse en aquellas personas que con mayor probabilidad comprarán sus productos y servicios. A medida que el emprendedor se vuelve más profesional y su conocimiento y sus capacidades organizacionales aumentan, estará más preparado para dirigir el foco sobre un objetivo de mercado mayor. El crecimiento personal precede y determina el crecimiento de la organización y el crecimiento de esta última produce el mismo efecto sobre el tamaño del objetivo de mercado.

El viaje

Como propietario, hay un viaje que debes emprender si deseas llevar tu negocio al siguiente nivel. Empieza por desarrollar tu producto o servicio hasta asegurarte de que existe un mercado para él. Esta es la primera etapa de <u>trabajar DENTRO de tu negocio.</u> Este es el momento en el que dedicas gran parte de tu tiempo a entregar, por ti mismo, un producto o servicio de calidad. Usualmente, los propietarios de negocio en esta etapa no pueden abandonar el negocio en ningún momento y su operatividad depende totalmente de ellos, lo que limita considerablemente el margen de ganancias e ingresos. En cierto punto, como dueño, debes pivotar desde el enfoque de la entrega directa del producto/servicio hacia el siguiente nivel: <u>trabajar SOBRE el negocio.</u>

Una vez que tus productos, base de clientes y objetivo de mercado están establecidos, es el momento para <u>trabajar SOBRE el negocio en lugar de DENTRO de él.</u> Pero ¿qué significa esto exactamente? La clave para optimizar tu modelo de negocio consiste en analizar información en términos tanto cuantitativos como cualitativos, que te permitirá tomar decisiones mejores y con mayor enfoque, precisión y medición. El gran desafío para los propietarios de negocio consiste en entender la necesidad de esta transición y sobre todo el modo adecuado de ejecutarla. Muchos dueños de negocio nunca llegan tan lejos. En todo caso, mediante el metódico estudio de este libro dispondrás de las herramientas que te permitirán preparar la optimización de tu modelo. Ello implica crear, reunir y analizar información que permita entender realmente cómo funciona tu negocio, además de desarrollar la capacidad suficiente para impulsar su expansión. Entonces el negocio podrá moverse hacia adelante sin tu presencia directa, lo que te permitirá poder trabajar EN EL FUTURO de tu negocio.

A través de la creación de un modelo sustentable de negocio con procesos y procedimientos establecidos, será posible disponer de nuevos recursos que te permitan planificar el crecimiento acelerado del negocio. Esto puede ser logrado mediante la expansión del objetivo de mercado, la adición de nuevos productos y la integración horizontal o vertical. En el proceso también deberás atraer experiencia adicional y desarrollar un fuerte liderazgo grupal que integre todas las habilidades necesarias para salir adelante. Recuerda que un emprendedor por más capacidad que tenga no puede hacerlo todo solo. Otro esfuerzo fundamental es la permanente investigación y análisis de tu compañía, el mercado, la competencia y las futuras tendencias que determinarán el mejor curso de acción.

La finalización satisfactoria de este viaje requiere de tu desarrollo y evolución que va desde trabajar DENTRO de tu negocio como fundador, empleado y supervisor, a trabajar SOBRE tu negocio como mánager y gerente. Superada esta fase podrás enfocarte en trabajar EN EL FUTURO de tu negocio como líder. Estas transformaciones no son fáciles de lograr y muchos dueños de negocio no están a la altura del reto. Como sea, conocer el camino te permite obtener el tipo de asistencia correcto a través del viaje que te impulsará a realizar tus metas. Mi libro La Guía del Maestro Emprendedor te da una vista expandida de este diario en "El plan de negocios de 5 pasos para ir de startup a la escalabilidad de tu negocio."

SBPro® Sendero crítico

Fase 1
Dentro de tu negocio = entrega del producto o servicio

Fase 2
Sobre tu negocio = optimización del modelo de negocio

Fase 3
Futuro de tu negocio = expansión de mercado

Copiright © 2018 Andrew Frazier Jr. All Rights Reserved

Proceso

La clave de construir un negocio exitoso consiste en tomar buenas decisiones de negocio. La clave para tomar buenas decisiones de negocio consiste en basarlas en información actualizada y precisa, tanto cuantitativa como cualitativa. La única manera de lograr esto es mediante la creación de procesos y procedimientos para cada aspecto de tu negocio. La Metodología SBPro describe un proceso de planeación estratégica de tres pasos que te ayudarán a obtener y procesar información enfocada a la mejor toma de decisiones hacia el crecimiento de tu negocio.

Paso 1: Evaluación y Previsión - lograr una determinación objetiva acerca del estado actual de las cosas y desarrollar una imagen clara de lo que queremos alcanzar.

Paso 2: Análisis y Recomendaciones - incluye examinar la información obtenida del Paso 1, estudiar el medio ambiente y explorar opciones que determinen el mejor curso de acción.

Paso 3: Implementación y Evaluación - ejecutar tus planes, llevarlos a la acción y medir su rendimiento en métricas que te permitan realizar ajustes regulares para alcanzar los resultados deseados.

Copiright © 2018 Andrew Frazier Jr. Todos los derechos reservados

Aprende más sobre los temas discutidos en este capítulo, de mi libro La Guía del Maestro Emprendedor y otros cursos disponibles en la universidad Small Business Pro (www.SBProU.com).

Enseñanzas clave

1) Ser claro acerca de porqué eres dueño de negocio y qué beneficios buscas.

2) Entender si crear una empresa es crítico y necesario en la realización de tus metas.

3) Tener un plan y actualizarlo continuamente para acrecentar tu

conocimiento del negocio, tu capacidad de organización y los mercados a los que sirves.

4) Seguir el sendero crítico de trabajar DENTRO del negocio (entrega del producto/servicio), a trabajar SOBRE el negocio (optimización del modelo de negocio) y finalmente EN EL FUTURO del negocio (expansión de mercado).

5) Usar la Metodología SBPro como proceso de continua mejoría.

Capítulo 2 - ¿Cuál es mi trabajo más importante?

VENTAS Y MARKETING, punto. Nunca dejes que nadie te diga algo diferente. Aun así, la mayoría de los emprendedores empiezan sus negocios sin darse cuenta de la importancia de estos dos aspectos. Sencillamente, es imposible tener éxito sin el correcto orden de prioridades. En consecuencia, como emprendedor ¿te centrarás en desarrollar tu producto?, ¿o mejor en fortalecer el servicio al cliente?, ¿o tal vez en poner en orden a tus finanzas? Por supuesto que todos estos factores son importantes, pero la principal prioridad (y esto es muy claro) son las ventas y el marketing. Sin ellos, no hay negocio, simple y llano, no importa la industria en la que hayas escogido involucrarte.

"Sin venta y marketing, no hay negocio"

Ciertamente, para tener éxito como emprendedor se requiere un set muy amplio de habilidades. Muy pocos, si es que hay alguno, poseen todas las necesarias. El caso es que muchos dueños de negocio empiezan su emprendimiento transformando un antiguo hobby en un negocio más serio o también tomando habilidades desarrolladas en un antiguo trabajo para convertirlas en una iniciativa empresarial propia. Muchos de los que están leyendo esto se metieron en negocios sin pensar que debían involucrase en ventas o marketing (fuiste a la escuela para convertirte en electricista y no en vendedor ¿verdad?). Pero como dueño de negocio simplemente te tienes que dedicar a las ventas y el marketing si genuinamente quieres tener éxito. Y tendrás que invertir muchísimo tiempo, tanto en hacerlo lo mejor que puedas como en aprender a hacerlo bien.

Una vez comprendido este supremo principio del arranque y crecimiento de los negocios ¿cómo lo aplicarás? Todo se trata de preguntar las preguntas importantes y correctas. Muchos dueños de negocio aprenden como involucrarse en ventas efectivas y marketing sin necesidad de gastar en costosos entrenamientos. A menudo ellos aprenden por ensayo y error.

Marketing

Existen volúmenes y volúmenes de información de libre acceso respecto al marketing. En lugar de penetrar en toda su densidad nos enfocaremos solo en aquellos elementos clave que puedan ser aplicados efectivamente en tu negocio. Primero, necesitas pensar en tu marca. Visto en perspectiva, una vez que te hayas embarcado en el desarrollo de tu producto, procederás entonces a crear tu organización y luego a optimizar tu negocio antes de expandirte hacia nuevos mercados. A este respecto empecemos discutiendo la naturaleza de tu producto o servicio: debes definir claramente lo que tu cliente recibirá a cambio de su compra o consumo. Define exactamente lo que estás vendiendo, por qué precio y con mayor precisión a quien se lo estás vendiendo. Nótese que dije "mayor precisión" como si este fuera tu objetivo de mercado. La mayoría de los dueños de negocio abordan este aspecto crítico de la forma errónea, haciendo que sea difícil encontrar una estrategia sonora que permita capturar su participación en el mercado mediante la adquisición de clientes. Incluso si no aprendes nada más, enfócate en esto: como pequeño negocio, tienes recursos y capacidad limitada. Por lo tanto, tu estrategia debe ser construida sobre el material que tienes a la mano. Dicho esto, fijemos el punto y definamos tu objetivo de mercado de la siguiente manera:

"Tu objetivo de mercado se centra exclusivamente en los consumidores más probables"

1. Tu objetivo de mercado se centra exclusivamente en los consumidores más probables. Definiéndolo de esta manera te ahorrarás tiempo y energía en el desarrollo del marketing, porque este es un público que ya percibe el valor de lo que tú ofreces. Ven tu producto o servicio como la solución a su problema, desafío o necesidad. Dato importante: puede que tengas que aproximarte a diferentes objetivos de mercado hasta que encuentres el que más te convenga.

2. Estas son las personas a las que puedes dirigir tu marketing usando efectivamente los recursos que ya tienes. De forma tal alcanzaras el mayor éxito posible con un grupo pequeño, un nicho muy bien definido. Esto luego te permitirá situarte como la mejor solución a

sus necesidades. Este es el momento de preguntarte a ti mismo:

¿Cuál es mi propuesta de valor?

Es fundamental que muestres a tus clientes potenciales que entiendes sus necesidades y que tienes la capacidad de solventarlas. Muchos clientes pueden comprarte ocasionalmente, pero si estrechas tu foco de mercado hacia aquellos que tienen más probabilidad de comprarte, estarás haciendo la mejor inversión de tiempo y dinero, que a su vez te producirá los mejores retornos.

Ventas

Las ventas y el marketing van de la mano. Son elementos diferentes pero interdependientes. Primero necesitas hacer marketing sobre tus productos para poder encontrar clientes a quien vendérselos. Con esto en mente, hablemos sobre las ventas. De la misma manera, cuanto más aprendas al respecto mejor. De entrada, tocaremos solo los aspectos fundamentales que te permitirán empezar a aplicar los principios básicos. Primero, debes saber POR QUÉ la gente te compra a ti. La razón obvia puede que no sea la correcta. Puede que no tengas el mejor producto ni el mejor precio, pero aun así tus clientes te eligen a ti. Puede que te compren porque les caes bien o porque les gusta la forma en que haces las cosas.

La adquisición de clientes toma tiempo y esfuerzo. Muy a menudo, las personas no compran sino hasta el séptimo contacto con tu negocio. Eso significa que debes esforzarte por conectarte a los clientes prospecto siete veces (ya sea por teléfono, e-mail o personalmente) antes de que te hagan la primera compra... ¡lo que sea necesario!

Por supuesto, debes invertir tiempo y dinero en lograr esos siete contactos. Ciertamente es duro transformar a esos consumidores probables en clientes recurrentes, pero ten en mente que es aún mucho más difícil lograrlo con consumidores que tienen muy baja probabilidad de comprarte. Como cualquier otra disciplina que sea practicada con sentido, este es un proceso que toma tiempo y paciencia.

¿Como determinar quiénes son tus compradores probables? Empieza planteándote estas preguntas: ¿quién tiene la mayor necesidad del producto o servicio que estoy ofreciendo? ¿qué tan competitivo soy yo y mi producto? ¿quién hará la mejor conexión con mi producto? Dato: juega con tus fortalezas. Piensa en las diferentes formas en las que puedes ofrecer un valor adicional más allá de la mera venta de tu producto. Todo se trata de construir una relación con tus clientes basada en la CONFIANZA. Y esto empieza comprendiendo sus necesidades mejor que nadie. Puede sonar extraño, pero en este caso hay importantes lecciones que podemos aprender de los traficantes de drogas:

¿Usar el marketing de los traficantes de drogas?

Necesitas usar el marketing de los traficantes de drogas. Es una locura ¿cierto? Si lo es, hasta que echas un vistazo de cerca a sus estrategias de venta y marketing. Los dueños de negocio pueden aprender mucho acerca de cómo los traficantes de drogas definen su objetivo de mercado y cómo construyen relaciones.

Trabajando con más de 250 propietarios de pequeños negocios en muy variadas industrias, me he encontrado con una dificultad recurrente en la aplicación del marketing. No necesariamente porque los propietarios tengan una aversión a ello o no quieran hacerlo, sino porque no entienden cómo deben hacerlo. Como parte de mi consultoría, he aconsejado a mis clientes implementar las mismas estrategias de un traficante de drogas. El escepticismo es normal en estos casos, pero las personas siempre encuentran la utilidad del ejercicio como una forma simple de entender los tres factores más importantes en la aplicación efectiva del marketing de sus pequeños negocios.

Aclaración: no animo ni apruebo la venta de drogas ni nada relacionado a este tipo de actividades ilícitas. Esta mención tiene fines ilustrativos y propósitos de entrenamiento mediante el uso de ejemplos claros que las personas puedan analizar, entender y extrapolar según su propio beneficio.

1. Los traficantes de drogas no tratan de venderle a todo el mundo.

¿Alguna vez has sido presionado a comprar droga por un traficante? Nadie que yo haya conocido que no tenga interés en drogas ha tenido esta experiencia. Generalmente, los vendedores de drogas solo ofrecen las drogas en vez de venderlas, pues las drogas venden por sí mismas. La razón por la que se venden solas se explica en que el traficante las está ofreciendo directamente a su objetivo de mercado más probable, evitando desperdiciar tiempo y energía insistiendo con aquellos que no tienen un interés claro en estos asuntos. El mismo principio aplica para todos los negocios.

Encontrar el objetivo de mercado correcto representa uno de los factores más importantes y determinantes en el éxito de los pequeños negocios. La mayoría de los propietarios tienen que enfrentarse a uno de estos principales desafíos:

- No estar conscientes de la necesidad de tener un objetivo de mercado.
- No entender qué es un objetivo de mercado.
- Su objetivo de mercado es demasiado grande para poder suministrarle un servicio adecuado.

Muchos dueños de negocio piensan que su objetivo de mercado es alguien que podría o que ya está comprando su producto. Sea como fuere, en fundamental centrarse en el público con mayor probabilidad de consumo. Esta debe ser una estrategia activa donde el tamaño del objetivo de mercado debe estar basado en la cantidad de tiempo, dinero y recursos que pueden ser invertidos en la adquisición de clientes. Este es generalmente un segmento mucho más pequeño del que inicialmente tenemos en mente. La meta es siempre ser el gran pez de una pecera pequeña, en lugar de ser un pez pequeño en una pecera enorme, pues si es así los grandes peces podrían comerte.

Por ejemplo, una de mis clientas, Tina Tang, dueña de Iron Strong Jewelry (www.IronStrongJewelry.com) se dedica a la confección de joyas para mujeres que han alcanzado alguna meta en el fitness. Tina originalmente apuntó su objetivo de mercado hacia mujeres entre 18 y 65 años, lo cual representa a 91 millones de personas en los Estados Unidos, de acuerdo con el US Census del 2010. Como pequeño negocio ¿cómo podría ella esperar tener un alcance tan espectacular de forma efectiva? Después de analizar a sus clientes y efectuar estudios de mercado adicionales, encontramos que en realidad el mejor mercado para su producto eran hombres que buscaban comprar un regalo especial para alguna dama. ¿Quién se lo hubiera imaginado? Y, sin embargo, este mercado seguía siendo enorme, aproximadamente 60 millones de personas.

Luego, Tina siguió refinando su objetivo, reduciéndolo a hombres casados entre 30 y 50 años con un ingreso anual mayor a 100.000USD, residentes en el área metropolitana de New York, lo cual reducía su mercado a 283.986 personas, de acuerdo con el mismo censo mencionado más arriba. Pudimos incluso ir más allá, estrechando el foco hacia aquellos hombres cuyas esposas trabajan fuera de casa y que además compraban regalos por Internet a través de Google®. Esto redujo nuestro objetivo a 14.199 personas. Un mercado meta con un tamaño mucho más razonable. Haciendo esto, Tina no solamente redujo la magnitud de sus esfuerzos de marketing, sino que también se situó en una posición tal que le permitiera llegar a sus clientes prospectos más efectivamente. De esta manera le fue posible crear contenido focalizado que demostrase claramente su propuesta de valor única, entregada a través de los canales más apropiados.

2. Los traficantes de drogas no pagan por marketing.

Aunque los vendedores de drogas no gastan dinero en marketing ni en anunciantes, aun así, logran manejar un negocio muy rentable. Son extremadamente eficientes en marketing de guerrilla, una estrategia de anuncios que se enfoca en tácticas de marketing no convencional de bajo costo que rinde resultados máximos. Puedes profundizar más en el tema con el libro *Guerilla Marketing* de Jay Conrad Levinson. Dado que los propietarios de negocio a menudo tienen presupuestos de marketing muy limitados, su enfoque debe estar dirigido a estrategias gratuitas o de muy bajo coste que les permita maximizar el rendimiento de cada dólar invertido. Para hacer esto, ellos deben conocer a sus clientes extremadamente bien y ser capaces de identificarse con sus necesidades.

Los dueños de negocio pueden llegar a ser muy exitosos sin necesidad de gastar en costosos sitios web o ser expertos en redes sociales. Muchos emprendedores se enfocan demasiado en poseer páginas web perfectas y en aplicar estrategias en redes sociales demasiado elaboradas, que al final del día no pueden pagar y que tampoco logran ser consistentes con su objetivo de mercado.

3. Los traficantes de drogas hacen amigos.

Los vendedores de droga han desarrollado una precisión de láser estableciendo relaciones con sus clientes y logrando consumidores recurrentes, y aun a pesar de manejar un negocio de mercancía, se dan el lujo de imponer altos precios y márgenes de ganancia. Ellos conocen a sus clientes y lo que es más importante, sus clientes los conocen a ellos, lo que resulta en la reincidencia de transacciones y referencias a nuevos clientes. Los traficantes de droga saben que sus clientes les compran "por qué les agradan". Pero ¿cómo podrían tus clientes comprarte si no te conocen o no les gusta la forma en que operas tu negocio? ¿que saben tus clientes potenciales sobre ti o tu negocio?

Muchos emprendedores empiezan su negocio porque son buenos en algo o les gusta algo, en lugar de desarrollar sus competencias en ventas y marketing, que son sus verdaderos trabajos. Incluso pueden mostrarse inseguros al momento de presentar su negocio y esto mengua directamente su capacidad de conectarse con los clientes. ¿Alguna vez has visto a un vendedor de drogas que no tenga confianza acerca de lo que está haciendo? Tú también puedes convertirte en un maestro en la construcción de relaciones. A este respecto recomiendo el libro *Como Ganar Amigos e Influir en las Personas* de Dale Carnegie, que proporciona principios básicos pero poderosos que pueden ser puestos en práctica.

En conclusión, un negocio puede funcionar sin necesidad de muchos elementos, pero las ventas y el marketing no son uno de ellos. Como ves, hay muchas lecciones que los dueños de negocio pueden aprender de los traficantes de drogas: primero, necesitas definir el objetivo de mercado correcto; segundo, necesitas minimizar tus gastos en marketing y ventas; y tercero, necesitas ser un buen constructor de relaciones. Tu negocio será prospero si incorporas adecuadamente estas estrategias.

"Diseña la propuesta de valor correcta y encuentra a aquellos que la valoren"

Encontrar tu objetivo de mercado.

Bien; ¿cuál es la meta aquí? Diseñar la propuesta de valor correcta y encontrar a aquellos que la valoren. Finalmente, este grupo pequeño probará ser mucho más manejable y por lo tanto te resultará más fácil comunicarte con él y enfocarte en la solución de sus problemas. Permíteme darte un ejemplo del mundo real extraído de mis experiencias como consultor, en este caso con Angela Huggins. La costura fue una de las principales habilidades aprendidas de su madre desde muy temprano. Como Angela amaba las muñecas, fue capaz de coser todo un mundo de muñecas. Confeccionar muñecas le permitió avivar su imaginación a través del color, la tela y los libros. Si no lo encontraba en la tienda, ella creaba por sí misma vestidos de muñecas, muebles de muñecas, casas de muñecas. En sus viajes por el país conoció muchos fabricantes de muñecas, tomó clases y enseñó a otros a vivir experiencia de gran alergia. Angela cree genuinamente que las muñecas son mágicas y busca compartir su experiencia con cuantos sea posible a través de su negocio Angel Hugs 4 All.

Cuando la conocí, estaba luchando contra un déficit de ventas. Ella simplemente vendía muñecas y pensaba en su objetivo de mercado como cualquiera que pudiera comprarle. Por entonces estaba intentando venderlas en grandes eventos a los que asistieran muchas personas. Luego cambio su estrategia. En lugar de eso, buscó que le cedieran espacios en eventos o espectáculos de muñecas. Aunque el número de asistentes era mucho menor, sus ventas crecieron sustancialmente. Tal como Angela lo constató, acercarse al mercado correcto hace las cosas más fáciles y productivas. Aplica este principio y tu negocio apuntará hacia arriba. Solo descifra el objetivo de mercado correcto y enfócate en él.

Hay un beneficio adicional en dirigirse a tu mercado meta: muchas veces este público te ayudará a aprender más sobre tu producto, lo que te permitirá refinar y cambiar aspectos de la presentación, el tamaño, la cantidad y los métodos de entrega, manufacturando un producto mejorado con una propuesta de valor única. Esto es esencialmente investigación de libre mercado. Es importante que tomes la retroalimentación de tus clientes siempre que puedas.

En tanto que las ventas y el marketing constituyen uno de los aspectos esenciales en tu empresa, vale la pena que te dediques a profundizar en el tema. Observa lo que otras compañías hacen para atraer clientes. Mira sus colores, sus diseños, el tipo de personas con las que se relacionan, incluso cómo sus empleados están vestidos y cómo se comunican con sus clientes. Cada vez que hagas algo tan simple y cotidiano como ir a una tienda o a un restaurante, echa un atento vistazo a las maneras en que estos negocios aplican el marketing y aprende de ello. Dicho en una frase, no es necesario reinventar la rueda. Utiliza y adapta las mejores prácticas de otros. Las grandes compañías han gastado millones de dólares para descifrar en que forma deben ser hechas correctamente las cosas. Han probado fórmulas ya establecidas. ¿porque no beneficiarse de los progresos que ya han logrado?

Branding

Hablemos de la palabra por "B": Branding. ¿De qué se trata? El branding - la marca personal, en español - envuelve todo lo relacionado a la experiencia que tus clientes tienen con tu producto. Debería contar una historia y transmitir un mensaje especifico. El branding es la experiencia emocional que tu cliente tiene al interactuar con tu compañía, con tu producto y con tus empleados. Los elementos que participan de él pasan por el nombre de la compañía, el logo e incluso los colores que usas. Tu marca personal controlará tu estrategia. Sé auténtico al mostrar lo que tú y tu compañía representan. ¡Sé original, diferente, visible! Tu marca personal es lo que te diferencia. Es lo que le dice a la gente porqué deberían estar enterados acerca de tu negocio. Cuando eres el propietario y operador de un pequeño negocio, <u>la marca personal eres tú mismo</u>. Como dijo alguien una vez: "Tu sonrisa es tu logo, tu personalidad es tu tarjeta de presentación y la manera como haces sentir a los demás es tu marca de negocio"

"La marca personal es la experiencia emocional que tu cliente tiene cuando interactúa con tu compañía"

Tu experiencia y tu experticia son las que acreditan tu credibilidad en el mercado. Como vendedor, el modo en que hablas, vistes y representas a tu negocio son de la mayor importancia. Y nadie más que tú puede hacer el marketing y las ventas mejor, pues te estas vendiendo a ti mismo. Has de esto algo tangible. Cuando se trata de la marca personal, la elección del nombre de tu negocio es crucial. El nombre del negocio puede ayudarte a alcanzar tus objetivos inmediatos. Para tener éxito es necesario que te tomes esta tarea seriamente, pues el nombre debería ayudar a entender a las personas de qué se trata el negocio. Hecho esto, asegúrate que sea fácil de pronunciar y de deletrear. Hazlo un atributo positivo y no un detractor. Tu presencia online y tu visibilidad en internet también son elementos fundamentales, de modo tal que deberás encontrar un nombre y un dominio web que coincidan. Si no es posible, mejor cambia el nombre.

En tanto que no es siempre posible decir todo lo que queremos y necesitamos en el nombre del negocio, el subtítulo cobra importancia y juega un rol también fundamental, pues es el que contribuye a mejorar la comprensión tanto del nombre como del tipo de negocio. Esto lo apliqué, por ejemplo, fijando al nombre de mi negocio la frase *"Small Business Like A Pro"* que sugiere el trabajo que hacemos con emprendedores para mejorar su rendimiento. Nuestro lema o subtitulo, *"Cuanto más sabes, más rápido creces"* les dice a nuestros clientes la forma en la que trabajamos proveyendo conocimiento y estrategias. En conjunto deja bastante claro cuál es el interés que nuestros clientes pueden encontrar en nuestro negocio. Aquí hay algunas pistas que puedes seguir para crear tu propio nombre:

- Tu lema o subtitulo debe comunicar el mensaje rápido y directo.
- Mantenlo profesional.
- Apuntalo a clientes de tu objetivo de mercado.
- Usa de 3 a 5 palabras resonantes, fáciles de recordar.
- Que sea sorpresivo, divertido y ocurrente.

Crea también un logo que refleje la marca de tu negocio. Muchas compañías han empleado grandes cantidades de energía, tiempo y dinero en desarrollar esta importante característica de la identidad de su marca personal. Tu logo puede convertirse en un importante activo de tu negocio, no solamente para que tus clientes reconozcan tu marca, sino también por el valor agregado que puede crear en el momento en que decidas vender tu compañía. Aquí hay algunos datos que pueden servir en la creación de un logo exitoso:

- Que sea simple.
- Hazlo versátil, adaptable a diferentes formatos.
- Usa pocos colores.
- Que sea memorable, fácil de recordar.
- Que sea apropiado a tu público de mercado.
- Ten en cuenta que puedes actualizarlo o refrescarlo si es necesario.
- Una vez que tengas un diseño preliminar, averigua como resuena en tus clientes. Pídeles retroalimentación.

Cuando diseñé mi primer boceto preliminar del logo, use un jugador de fútbol corriendo con un balón en la pose del trofeo Heisman, intentando transmitir con esto el mensaje de *"Running your small business like a pro"* (allí pretendíamos insertar la idea del jugador profesional y el verbo *running* que en ingles aplica para correr y manejar, haciendo un juego de palabras y símbolos con esto). Pero, por mucho que a mí me gustara el concepto, no resonó con ninguno de los clientes a los que se lo presenté. Lo revisamos y reemplazamos con mi segunda idea, la de tres personas celebrando un triunfo, lo cual resultó mucho más cercano y comprensible para mis clientes. En todo caso, esta versión tenía dos mujeres a los costados y un hombre sosteniendo el trofeo en el centro. Dado que dos tercios de mis clientes son mujeres, rehicimos otra versión usando ese concepto obtenido también de la retroalimentación que me proporcionaron. Incluso así, el hecho de que la mujer fuera más pequeña que los hombres a sus costados era un asunto que tal vez necesitara replantearse. Los pequeños detalles son importantes. Afortunadamente, esta versión les gusto a todos: tres personas celebrando un triunfo con una mujer sosteniendo un trofeo al centro. Es bueno que uses el punto de vista de los clientes de tu objetivo de mercado. Después de todo, son ellos los que están pagando.

También Angela y yo trabajamos juntos en su marca personal. Cuando empezamos, ella estaba usando los siguientes elementos:

- Título: Doll Marker
- Nombre del negocio: SewJC
- Subtitulo: NA
- Producto: Muñecas desde 50USD en adelante.
- Objetivo de mercado: cualquiera al que le gustaran las muñecas.
- Estrategia de diferenciación: el amor por las muñecas.

Luego de nuestra colaboración, ella efectúo la siguiente transición:
- Título: Artista de telas.
- Nombre del negocio: Angel Hugs 4 All (Abrazos de Ángel para todos).
- Subtitulo: Regalos personalizados y reliquias.
- Producto: Muñecas desde 50USD en adelante. Alfileres para muñecas desde 15USD. Kits para la fabricación de muñecas de papel desde 20USD. Concurso de muñeca de papel 50USD.
- Objetivo de mercado: mujeres entre 40 y 65 años con un ingreso medio anual de 100.000USD; entusiastas de las muñecas.

- Estrategia de diferenciación: calidad, personalización, pasión. Haciendo la comparación, ¿cuál prefieres y por qué?

Misión, visión y valores fundamentales.

Uno de los bloques de construcción más importantes en la fundación de tu negocio debe ser tu MISIÓN, VISIÓN Y VALORES FUNDAMENTALES. Aquí es donde defines lo que estás haciendo y porqué. No son solo declaraciones o tópicos comunes. El modo entero en que operas tu negocio debe ser una consecuencia de estas tres ideas generales. Siendo así, vamos a definirlas:

"Tu misión: ¿cuál es el propósito de tu negocio?"

La declaración de tu negocio define para qué existes. Usemos el ejemplo de Starbucks®. Mira la declaración que la compañía hace en su página web. Starbucks existe con el propósito de "inspirar y nutrir al espíritu humano, una persona, una taza, un vecindario a la vez". Luego piensas que en realidad ellos solo venden café, pero su misión se refleja en cómo decoran cada tienda e incluso en las locaciones que han escogido. La misión de Starbucks es importante tanto para sus clientes como para sus empleados. Ayuda a moldear la forma en que los empleados pueden alcanzar sus metas dentro de la compañía y cómo responderán a sus clientes. La usan como un contexto de amplio alcance.

"Tu visión: en lo que tu negocio se convertirá"

La visión te ayuda a ver claramente lo que quieres lograr y a donde quieres llegar. Es en lo que quieres que tu negocio se convierta. A medida que la definas y avances sobre ella, tu pequeña empresa alcanzará el éxito. Usando el mismo ejemplo de Starbucks, su visión consiste en "hacer de Starbucks el principal proveedor del más fino café en el mundo, manteniendo un sólido compromiso con nuestros principios a medida que crecemos". Sin duda, la fijación de este norte les ha ayudado a tomar mejores decisiones para llegar hasta allí.

Los valores fundamentales son la base de la toma de decisiones de tu compañía y cómo ésta interactúa con el mundo basada en ellos. En el caso de Starbucks, la compañía se concentra en asuntos como el medio ambiente y la diversidad. Estos valores les ayudan a perseguir su misión, alcanzar altos estándares de calidad y mantener a sus clientes satisfechos y entusiastas.

Desarrollar tu historia.

Una de las más importantes piezas finales en el desarrollo del marketing y la marca personal tiene que ver con contar tu historia. Este resulta ser un gran un reto para la mayoría de los dueños de negocio. En este punto, es sabio buscar ayuda profesional en la diferenciación de tu negocio. Todo se trata de articular una propuesta de valor sólida para tus clientes potenciales.

Un artículo de *Entrepreneur Magazine* viene a mi mente. En él, Foodily describe como llegó a ser el mayor repositorio de recetas en el mundo. Después de contratar a un consultor, ellos contaron su historia como una compañía que crea la oportunidad de pasar más tiempo con la familia y los amigos comiendo y disfrutando deliciosos platillos en casa. De esta forma, la historia de su negocio proveía una solución, dirigiéndose a las necesidades o deseos de su audiencia en una forma que les interesase. Como resultado, creaban una oportunidad para conectarse con sus clientes potenciales. De eso se tratan los recursos digitales.

A muchas personas les cuesta contar su historia de forma concisa, incluso si han estado en los negocios por años. En un mundo de comunicaciones, esto se ha convertido en algo cada vez más importante. Para mejorar tu marketing, crea un comercial de sesenta segundos sobre tu negocio, incluso si no lo publicas online. Esto te ayudará a aclarar exactamente lo que buscas lograr. También te ayudará a articular mejor la propuesta de valor dirigida a tus empleados, tus clientes e incluso tus potenciales inversores. La creación de este contenido es una de las cosas más importantes que puedes hacer para tu negocio. Es algo que usarás y te será útil en cualquier lugar en el que presentes la idea.

Siempre pido a mis clientes en la primera reunión que se tomen sesenta segundos para explicarme exactamente "de que se trata el negocio y que esperan alcanzar con él." Luego les pido que repitan el ejercicio y finalmente les pregunto: "¿coinciden las dos historias?" Si no es así, tenemos un problema. En primer lugar, es crucial que tengas contenido consistente que las personas puedan reconocer en el mercado. La segunda pregunta que hago es: "cuando empezaste ¿qué fue lo primero que dijiste?, ¿estabas hablando de ti mismo o te estabas comunicando con tu audiencia?" La meta en los primeros cinco o diez segundos de una comunicación es establecer una conexión con la audiencia. Muchas personas escuchan la estación de radio WIIFM (What's In It For Me, Qué hay para mí, en español) ¿te dirigiste a sus necesidades o deseos? Si no es así, te estas arriesgando a que te ignoren y cambien el canal sin escuchar realmente lo que estabas diciendo.

Por ejemplo, si yo digo "Hola, yo soy Andrew Frazier, presidente y COO de la compañía Running your Small Business Like a Pro. Me gustan mucho los negocios. Me gradué del MIT y fui a la escuela de negocios en NYU. También fui oficial de la marina y bla bla bla..." ¿Eso llamaría tu atención? Por el contrario, si yo digo: "La clave del éxito en los pequeños negocios cosiste en hacer exactamente lo contrario de lo que los grandes negocios hacen. Es muy común que muchos emprendedores y pequeños propietarios carezcan de la orientación necesaria para alcanzar sus metas. Después de trabajar con más de 250 pequeñas empresas he visto muchos patrones comunes a partir de los cuales he desarrollado una metodología que te ayudará a sobreponerte a los obstáculos y ser más exitoso." Ahora, ¿no te gustaría escuchar el resto de lo que tengo que decir? Cuando presentas el negocio y comunicas el mensaje es importante usar una aproximación centrada en el cliente. En mi humilde opinión, esta es la mejor manera de mejorar el marketing y vender exitosamente.

El Formato Comercial SBPro

La fórmula para crear un buen comercial consiste en un proceso de cuatro pasos. A saber:

Paso 1: Crear la necesidad - Usar hechos para crear una conexión emocional. Los clientes potenciales quieren estar seguros de que tú entiendes sus necesidades. Usando hechos, puedes identificar su problema o limitación demostrando un entendimiento claro de sus necesidades específicas. En el caso de los seguros de vida, poca gente anda por ahí pensando en comprarlos. Entonces, ¿cómo hace un agente de seguros para suscitar interés en sus clientes? Ellos usan hechos, como, por ejemplo, qué pasaría si el miembro de una pareja muere. "¿Alguna vez has estado en una situación donde los miembros de la familia tengan que pedir prestado para costear los gastos de un funeral?" Después de escuchar esta información y pensar reflexivamente en la posibilidad, el cliente empezará a ver el seguro de vida como algo realmente necesario.

Paso 2: Presentar tu solución - Explica tu solución en el manejo del problema y explica qué es lo que te diferencia de la competencia. Por ejemplo, usando el mismo caso, el agente de seguros plantearía que, "como agente independiente, puedo ofrecerle pólizas de seguro de las mejores compañías, asegurándome de obtener la mejor calidad y precio para ti"

Paso 3: Dar ejemplos - Ayuda a las personas a visualizar el beneficio que obtendrán de ti usando la experiencia de algún otro caso. Veamos: "Mi cliente, John Smith, falleció el mes pasado a los 42 años. Durante los momentos difíciles le llevé a su esposa, Mary, un cheque por un millón de dólares que costeará los gastos de ella y de los niños en ausencia del Sr. Smith. Con ello Lisa y Tommy podrán ir a la universidad".

Paso 4: Acercamiento directo con abordaje suave - Abrir la puerta para empezar una conversación y desarrollar una relación con clientes potenciales. Por ejemplo, "aun a pesar de la desafortunada situación, piense cuan peor hubiera sido si John no se hubiera sentado conmigo a discutir el seguro de vida".

Tu Formato Comercial SBPro no incluye: tu nombre, el nombre de la compañía ni tampoco la explicación de quién eres. La razón reside en que durante este primer contacto todo se trata de tu cliente prospecto, no de ti.

Recapitulemos. ¿Qué logra el Formato Comercial SBPro?

1. Planteando la necesidad, transmites que entiendes el problema y te preocupas por la solución.
2. Planteando la solución, dejas claro que conoces el asunto.
3. Dando un ejemplo, creas un lazo emocional.
4. El acercamiento directo con abordaje suave ayuda a determinar si el cliente es un buen prospecto.

Imagina que tienes 45 años y eres padre de dos niños que están en la escuela primaria. Vas a una reunión de viejos amigos, encuentras a un desconocido, te presentas a ti mismo y le preguntas a que se dedica. Entonces él te responde:

"¿Alguna vez has estado en una situación donde los miembros de la familia tengan que pedir prestado para costear los gastos de un funeral? Soy agente de seguros independiente, me dedico a ofrecer pólizas de las mejores compañías, asegurándome de obtener la mejor calidad y precio. Un cliente mío, John Smith, falleció el mes pasado a los 42 años. Durante los momentos difíciles le llevé a su esposa, Mary, un cheque por un millón de dólares que costeará los gastos de ella y de los niños en ausencia del Sr. Smith. Con ello Lisa y Tommy podrán ir a la universidad. Aun a pesar de la desafortunada situación, piense cuan peor hubiera sido si John no se hubiera sentado conmigo a discutir el seguro de vida"

En 30 segundos, al identificarse con la historia, probablemente habrás pasado de nunca haber pensado en un seguro de vida a preguntarte si será necesario en tu caso. ¿Qué le responderías al agente? Tu respuesta será reveladora. El agente está buscando calificarte como prospecto iniciando una conversación y calibrando tu interés. Esto le da la oportunidad de efectuar una preventa, aumentando la probabilidad de obtener una cita y hacer una venta.

Este es exactamente el formato que la mayor parte de las grandes compañías usan. Ellas gastan millones de dólares en la creación de comerciales para sus productos. Puedes aprender mucho de los mensajes que transmiten, pensando en el público al que están apuntando y de qué manera se están comunicando con él. No hay nada vergonzoso en pedir prestada o robar una idea que sea buena para tu negocio. Las personas lo hacen todo el tiempo, incluso las grandes compañías.

Aprende más de los temas discutidos en este capítulo, de mi libro *How To Sell More With Customer-Cetric Marketing: Talk To Your Prospects, Not to Yourself*, y de otros cursos disponibles en la Universidad Small Business Pro (www.SBProU.com).

Enseñanzas clave

1) Entiende que tu trabajo más importante consiste en el marketing y las ventas, a los cuales te deberías dedicar al menos dos horas al día.

2) Es importante mejorar continuamente tus habilidades a través del entrenamiento, práctica y aprendizaje de lo que otros negocios hacen.

3) Cuanto más específicamente definas tu objetivo de mercado, más éxito tendrás.

4) La marca personal se construye trabajando en la creación de la imagen que los clientes tienen de tu negocio.

5) Las personas no compran lo que vendes. Compran <u>el beneficio que ven en lo que estas vendiendo</u>. Concéntrate en el cliente y háblales a sus necesidades.

Capítulo 3 - ¿Cuál es mi mayor miedo?

No hay nada que temer más que al miedo mismo (F.D.R.)

Para muchos propietarios de pequeños negocios y emprendedores, hacer los números - revisar realmente sus costos, ventas y márgenes - constituye su mayor miedo. ¿Por qué? Porque en muchos casos no están cómodos con las matemáticas, no saben que hacer o sencillamente no quieren enfrentarse a la verdad. Muchos dueños se involucran en los negocios con tapaderas en los ojos. Ya sabes, la mentalidad "no me confundas con los hechos" (Earl Landgrebe). Usualmente son muy expertos en sus respectivas artes, pero no tanto en la planificación y el análisis financiero. Como resultado, el mayor conflicto en el manejo del negocio viene del uso de información cualitativa (sentimientos y percepciones) en lugar de medidores cuantitativos (números).

Hablemos del miedo un momento. De acuerdo con una encuesta realizada por IFL Science, las serpientes, las alturas, las arañas y hablar en público encabezan la lista de los mayores miedos de la población estadounidense. La pregunta es, ¿son estos miedos y otros tantos solo fobias, miedos irracionales sin bases en la realidad? Ciertamente, es razonable estar asustado. Pero el temor puede también cegar tu capacidad y hacerte perder de vista aspectos fundamentales. Cuando nos referimos al miedo del uso de medidas cuantitativas y números en el manejo de tu negocio, este también tiene una base irracional. ¿Por qué digo esto? Porque conocer tus números solo puede ayudarte y hacerte un bien. Muchos emprendedores manejan su negocio usando estos parámetros cualitativos, los así llamados juicios "suaves" o intuitivos, los cuales pueden a veces resultar ser útiles, aunque no siempre te darán el toque de realidad necesario que te permitirá ubicar con precisión a tu negocio en la escala de éxito-fracaso. Ignorando el uso de medidores cuantitativos, corres el riesgo de tomar decisiones indeseables que no tomarías si entendieras el mensaje que los números te están transmitiendo. Usando medidores tanto cuantitativos como cualitativos en el proceso de la toma de decisiones, serás aún más capaz de orientar tu negocio hacia un campo de éxito.

¿Recuerdas a la exitosa persona de negocios de la cuál hablamos en el prefacio? Cuando se le preguntó cómo se había vuelto tan exitosa, indicó haber tomado buenas decisiones después de aprender de las malas decisiones. Piensa al respecto. ¿Cuáles son las dos formas de aprender en los negocios?

1. Tomándose el tiempo de aprender, estudiar y planear.
2. Perdiendo dinero.

¿Cuál camino preferirías?

"Tomarse el tiempo de aprender, estudiar y planear te ayudará a no perder dinero" por supuesto.

¿Sigues temeroso de hacer los números? Solo piensa que no se trata de ciencia espacial. Quisiera que respondas algunas preguntas para llegar al asunto: ¿sabes contar? ¿sabes sumar, restar, multiplicar y dividir? Sé que suena ridículo, pero eso es todo lo que se necesita para manejar los números de tu compañía. Afortunadamente, resulta incluso mucho más fácil que eso, al disponer de todos los recursos tecnológicos de hoy en día. Por lo tanto, dado que tu miedo no tiene ningún fundamento **NO HAY EXCUSA** para no aplicarte a ello.

Trabajando SOBRE tu negocio.

Examinemos un ejemplo práctico extraído de mi propia experiencia. Estaba trabajando con mi clienta Myani Lawson, dueña de Envision Education. Ella inauguró la Bergen Lafayette Montessori School (BLMS) en Jersey City, NJ. Cuando nos conocimos, estaba buscando crear la mejor experiencia educativa posible a un costo razonable. Ciertamente no hay nada malo con ello, especialmente si lo puedes hacer de una manera rentable. Sin embargo, lo usual es que este tipo de estrategias derivan en menor ingreso y grandes costos, una receta para el desastre. No era sorprendente pues, que Myani presentara serias limitaciones en el flujo de efectivo sin explicarse el porqué, tal como sucede a la mayoría de los pequeños propietarios. Como educadora, para ella hacia sentido ofrecer la mejor experiencia educativa sin enfocarse necesariamente en sus costos operativos. Incluso, su matrícula de inscripción era más barata que la del resto de las escuelas Montessori en la zona. Adicionalmente, productos por los cuales otras escuelas cobraban un cargo extra, como almuerzos orgánicos, clases de Karate, baile, educación física y lecciones de español, estaban incluidos en el pago de inscripción; aun pesar de que ella contrató a profesionales que proveyeran estos servicios y que debía pagar a expensas de sí misma.

Al final de la historia, Myani paso de ser una educadora con una escuela a una mujer de negocios que maneja una escuela. Esta es exactamente la transformación que los emprendedores necesitan lograr, pero que resulta muy difícil hacerla por ellos mismos. Esas dos perspectivas resultan naturalmente en decisiones muy diferentes. Finalmente, en el caso de Myani, ¿cómo fue que logramos esa transición?

Primero, sugerí a nuestra educadora que leyera *El Mito del Emprendedor Dominado* de Michael Gerber. Es por mucho el mejor libro para emprendedores y te harías un gran favor leyéndolo. El subtítulo lo dice todo: *"¿Por qué la mayor parte de los negocios fracasan y qué es lo que puedes hacer al respecto?"* Este libro le proporcionó a Myani perspectiva y conocimiento acerca de lo que se requiere para triunfar en los negocios. También, usando la idea de las tres personalidades competidoras - el técnico, el mánager y el emprendedor - pudo comprender mejor las voces en su cabeza. Como punto extra, también incorporó la esencial idea de trabajar SOBRE el negocio en lugar de DENTRO del negocio. La lectura de este libro encendió su pasión y la llevó a la creación de una visión más clara respecto al futuro de su empresa. Como resultado, Myani se abrió al cambio dispuesta a abrazar la transformación personal necesaria para lograr el éxito.

Trabajamos juntos para que ella comprendiera su modelo de negocio desde una perspectiva cuantitativa. Cuando revisamos sus números, éstos claramente mostraron que sus costos fijos eran demasiado altos para ser soportados por el número de estudiantes que tenía. Haciendo esto, pudimos tomar las decisiones que la ayudarían a mejorar su situación. En cualquier caso, esto nunca hubiera sido posible si ella no estuviera dispuesta a intentar algo nuevo y a hacer los números. También en el proceso determinamos que, si esta tendencia seguía su curso, el negocio desaparecería en pocos meses. Asimismo, el análisis nos ayudó a descifrar hasta qué punto ella necesitaba recortar gastos y cuánto dinero necesitaría levantar en capital. Con acceso a estos datos, fue posible crear exitosamente un plan de acción hacia adelante que evitara cualquier tipo de recaída en situaciones similares. Afortunadamente, Myani fue capaz de obtener la financiación necesaria para sacar su negocio a flote. En el próximo capítulo "¿Dónde encontraré el dinero?" hablaremos sobre este tópico.

Para el año siguiente, trabajamos en poner su negocio en una hoja de cálculo, de manera tal que le fuera posible realizar proyecciones basadas en asunciones concretas. Esto le permitió calcular con precisión cuánto realmente su negocio podía permitirse costear en gastos fijos, basándose en el número de estudiantes inscritos. También echamos un vistazo a los diferentes tipos de gastos que ella tenía, para determinar qué podía abaratarse y qué podía suprimirse directamente. Discutimos diferentes estrategias para aumentar el promedio de inscritos, lo cual proveería un ingreso adicional destinado a cubrir gastos y a generar escalabilidad. Incrementando la línea de ingreso de BLMS, hacíamos que cada estudiante resultara más rentable a la escuela. En todo sentido, no había manera de acertar las buenas decisiones sin hacer los números. Me siento feliz al reportar que BLMS es actualmente un negocio rentable y próspero, operando ahora con el doble de sus estudiantes. Myani ha contratado a más profesores y a un director de tiempo completo, permitiéndole a ella enfocarse en la expansión de mercado y crecimiento. Actualmente, ella está liderando esfuerzos para establecer una escuela pública autónoma en Montessori en Jersey City, que suministre continuidad a los graduados de su primer programa. También proveerá mayor acceso a estudiantes cuyas familias no pueden costear la educación privada de la primera escuela Montessori.

Muchos pequeños negocios sencillamente no anticipan correctamente sus costos de arranque. No establecen un concienzudo plan que determine sus necesidades. Como resultado, empiezan subcapitalizados y nunca pueden ponerse al día. Entonces, ¿qué hacer al respecto? En tales circunstancias ellos necesitan cambiar el plan, reducir los costes o poner el proyecto en pausa hasta conseguir el capital necesario. Incluso muchos negocios podrían empezar en una escala más pequeña de la que se planificó inicialmente.

Muchos emprendedores hacen preguntas como: ¿de qué números estás hablando exactamente?, ¿cómo los obtengo?, ¿qué debería hacer con ellos?, ¿en qué forma ayudará esto a mi negocio? Bien, exploremos esto.

Obteniendo los números

Existen cuatro categorías de números principales que debes manejar y varias fuentes donde puedes encontrar los números específicos que deben ser usados.

Primero, necesitas estar muy consciente de la información del balance de efectivo y el flujo de efectivo en una base de medición diaria. Esta información te la proporciona el banco en los estados de cuenta mensuales.

Segundo, debes conocer tu volumen de ventas e ingresos en una base diaria, semanal, mensual, trimestral, anual hasta la fecha y/o anual, para medir el tamaño y el tipo de negocio que tienes. No es suficiente que tu contador tenga acceso a ellos en el sistema de punto de venta (POS). ¡Debes revisarlos y conocerlos por ti mismo! Pues no es algo que puedas delegar. Esta información puede ser extraída de tu sistema POS, algún software de contabilidad, libros contables, hojas de cálculo de ventas y reportes diarios.

"Debes conocer el número de tus ventas y costos - NO delegues esto"

Tercero, debes saber cuánto cuesta entregar tu producto o servicio (costos variables). No lo qué crees que cuesta, ¡Sino lo que realmente cuesta! Esto incluye comisiones de venta, materiales, envíos, trabajadores de producción y personas directamente entregando el producto o servicio. Los costos variables solo deben incrementar como resultado del aumento de los ingresos. Esta distinción es un punto muy importante cuando se trata de analizar tus números y calcular el punto de equilibrio.

Último, pero no menos importante, hay gastos en los que se incurren incluso si no hay ninguna venta (costos fijos). Tus costos fijos incluyen la renta, utilidades, seguros, marketing y empleados (excepto aquellos que solo se dedican a crear el producto y a entregarlo, que estarían incluidos en costos variables).

Organizando los números.

Una vez obtenidos los números correctos, el siguiente paso consiste en organizarlos en estados financieros: un formato de manejo fácil. Los tres principales estados financieros que las pequeñas compañías usan son:

1) **Hoja de balance:** expresa la posición financiera del negocio en un momento especifico como una declaración de valor neto personal.

2) **Declaración de ingreso:** expresa cuánto dinero produjo el negocio, restando costos (fijos y variables) de los ingresos (ventas). También

conocido Ganancia & Perdida (P&L, por sus siglas en inglés) o modelo de negocio.

3) **Declaración de flujo de efectivo:** muestra los ingresos y egresos de efectivo que representa las actividades operativas de una organización. En tanto que el ingreso (ganancia) no es representativo de cuánto dinero tienes, la Declaración de flujo de efectivo es usada para asegurarse que no se te acabará el dinero ni caerás en bancarrota.

Primero nos centraremos en el modelo de negocio (es decir, la Declaración de Ingreso o P&L) para los propósitos de este capítulo. La clave está en categorizar los costos variables y fijos tan precisa y concienzudamente como sea posible. Echa un vistazo a esta simplificada fórmula de modelo de negocio:

SBPro® Modelo de Negocio		
(Declaración de Ingreso o P&L)		
INGRESO	+	
Costos Variables (COGS)	-	
Ganancia Bruta	=	
Costos fijos	-	
Ganancia Neta	=	

Usando los Números.

Los estados financieros facilitan mucho la comprensión y el manejo de los números. Hay mucha información adicional acerca de tu negocio que puede ser obtenida por los estados financieros. Puedes identificar tendencias haciendo análisis horizontal (categorías de periodo en periodo) y entender como diferentes elementos han cambiado a través del tiempo. También puedes usar el análisis vertical (categoría a categoría en el mismo periodo) para comparar la relación de diferentes artículos o elementos con las ventas totales o los activos del negocio. Adicionalmente, los balances financieros te permiten comparar efectivamente información de tu compañía con otras compañías, hacer promedios industriales, cotejar diferentes estándares (comparar manzanas con manzanas) para evaluar mejor la información.

Desarrollar y analizar tu modelo de negocio te permite entender mejor de qué manera tu negocio puede hacer proyecciones, cálculos del punto de equilibrio y pruebas de diferentes escenarios con propósitos de planificación.

Después de obtener, organizar y usar sus números, Myani estaba en condiciones de desarrollar un plan para sacar su negocio adelante satisfactoriamente. Con este recurso, ella entendió mejor como BLMS realmente operaba y así tomar mejores decisiones. También desarrolló una hoja de cálculo del modelo de negocio en donde podía poner a prueba diferentes escenarios hipotéticos e ir ajustando números en cuanto la información adicional estuviera disponible. Esto la empoderó para optimizar su modelo de negocio y desarrollar metas SMART (Especifico, Medible, Alcanzable, Relevante, Temporizado; en español)

Myani comenzó trabajando con la línea superior del modelo de negocio en donde la meta es incrementar ventas (ingresos), ya sea por el incremento de ingresos provenientes del actual número de estudiantes o generando ingresos mediante la adquisición de nuevos clientes. A esto Myani se inclinó por adquirir más clientes en tanto que su meta inicial era hacer a la Educación Montessori asequible para el mayor número de personas. Ella desarrolló un plan para alcanzar esta meta mediante el incremento de sus inversiones en marketing, el mayor alcance comunitario y la incorporación de sesiones de información visual, facilitando que más clientes potenciales se enteraran de la escuela. Basado en el modelo de negocio, el incremento de ingresos tendrá el mayor impacto positivo en la rentabilidad.

Al calcular el coste marginal de la adquisición de un nuevo estudiante, Myani conocía el monto mínimo que podía costear sin perder dinero. Se le ocurrieron dos formas creativas para aumentar el ingreso proveniente de clientes que de otro modo habrían sido rechazados por falta de fondos, fallando a la misión de la escuela de proveer educación asequible y de calidad. Primero, BLMS se volvió parte del programa de vales de la Liga Urbana. Y aunque el programa tiene una tasa de pago baja sigue estando por encima del costo de adquisición de cada estudiante. Myani también desarrolló un programa de escolaridad que hizo a la escuela mucho más asequible y atrajo a nuevos aplicantes. Ambos programas tienes PR positivo y beneficios de mercadeo que se suman a los ingresos aumentados y al ingreso neto.

Luego, pasando a los costos variable quisimos disminuir gradualmente el factor total del costo variable por estudiante. Myani observó a cada componente del costo variable para determinar qué impacto podían tener. Como un negocio de servicios, BLMS ya tenía bajos costos variables. Aun así, todavía quedaba espacio de negociación en el precio por estudiante para ciertas actividades y eliminar otras que podían ser ofrecidas por vendedores externos. Ella también tomó en cuenta ajustes menores al programa de almuerzos para reducir gastos.

La Ganancia Bruta es simplemente la diferencia entre ingresos (ventas) y costos variables (COGS). Adicionalmente no hay nada que podamos hacer para mejorarlo directamente.

Como un negocio de servicios, la mayor parte de los costos de BLMS son costos fijos, los cuales buscamos minimizar sin impactar negativamente sobre la calidad del negocio. Todos los detalles deben ser revisados y mejorados. En el caso de la renta, que es un costo fijo grande, Myani negoció un ligero descuento con el propietario. La nómina de empleados es el mayor costo unitario, llevándose más de la mitad del presupuesto. Haciendo algunos ajustes y llenando algunas horas por sí misma, Myani fue capaz de llevar a uno de sus profesores asistentes de tiempo completo a tiempo parcial. Al mismo tiempo, impulsó un incremento en el presupuesto de marketing de BLMS para aumentar el número de estudiantes inscritos. Finalmente, eliminó un par de vendedores externos, reemplazando estos servicios con miembros de su equipo sin costo adicional.

Tomando estas decisiones Myani fue capaz de optimizar su modelo de negocio y maximizar su rentabilidad, manteniendo los altos estándares de BLMS. Más importante aún, ella tenía ahora un negocio sustentable con proyección al crecimiento rentable.

Esto prueba lo mucho que puede ser hecho en el mejoramiento proactivo del rendimiento financiero de tu negocio, modelándolo mediante mejores decisiones y usando la información que provee. Con decisiones de aproximación desde una perspectiva de negocio, Myani fue capaz de incrementar el ingreso, disminuir costos y maximizar la rentabilidad de BLMS, cumpliendo su misión de crear educación Montessori de alta calidad, accesible a gran número de estudiantes. Ahora ella es perfectamente capaz de trabajar "SOBRE" su negocio para llevarlo al siguiente nivel.

El efectivo es el rey Y la reina

Ganancia (ingreso) no es lo mismo que flujo de efectivo. ¿Cuál es más importante? Bueno, podrías tener rentas (ganancias) negativas y aun así mantenerte en el negocio. En caso contrario, cuando tu balance de efectivo es negativo, debes inyectar capital adicional (fondos) o tu negocio estará acabado.

Muchos dueños de negocio se meten en problemas al asumir que la disponibilidad de efectivo de la compañía irá al alza tanto como las ventas. Desafortunadamente, es un poco más complejo. Solo porque tu compañía genere ventas no necesariamente significa que tu efectivo aumentará. Por lo tanto, tu negocio podría quedarse sin efectivo si creces demasiado rápido de la misma manera que si no tienes suficientes ventas para cubrir los costos. ¿Cómo es esto posible?

Es fácil entender de qué forma tu compañía puede quedarse sin efectivo si estas perdiendo dinero. Pero quedarse sin dinero cuando tus ventas van en alza y tus ganancias aumentan no tiene ningún sentido, a primera vista. Veamos: para alcanzar mayores ventas se requiere una inversión en marketing, cuesta dinero construir capacidad adicional y también cuesta dinero adquirir nuevo inventario. Esto producirá un drenaje prematuro de efectivo que no podrás reponer por adelantado hasta que cierres todas tus ventas y obtengas los retornos.

Ganancias = Ventas - Gastos (Excluyendo compras de activos)

Flujo de efectivo = Ingreso de efectivo - Egreso de efectivo

Uno de mis clientes, Andy Vieira, CEO de Trucktech Parts and Services, aprendió esta lección de la forma dolorosa. Andy creció en Brasil y desde muy joven amaba trabajar con camiones y equipo pesado bajo el ardiente sol. Cuanto más sucio y pesado era el trabajo, más lo amaba. Pronto quiso venir a los Estados Unidos y convertirse en conductor independiente de camiones. Como otros conductores siempre le pedían que reparara sus camiones, terminó por abrir una pequeña tienda de auto partes, luego un taller de reparación de una sola nave y ahora se ha convertido en el propietario de un negocio multimillonario en la sección Ironbound de Newark, NJ. Recientemente él completo el entrenamiento de Golman Sachs 10k para pequeños negocios y está en el proceso de abrir una tienda de pintura en aerosol para camiones y partes de camiones como parte de su plan de crecimiento.

Andy estaba perplejo de como su compañía creció un 20% reportando cuantiosas rentas, aunque no tuviera idea de donde estaba todo el dinero. Las cosas se pusieron peor cuando Andy incurrió en un pesado cargo por impuestos sin tener el dinero para pagarlo. ¿cómo fue que esto pasó?

Exploremos este fenómeno observando los números (los números usados a continuación son hipotéticos y poseen solo propósitos educativos). En primer lugar, echemos un vistazo a su declaración de ingreso anual:

	Declaración de ingreso (P&L) 201x
INGRESO	+	$1 Millón	100%	Ventas
Costo Variable (COGS)	-	$500k	50%	Costos directamente relacionados con las ventas
Ganancia Bruta	=	$500k	50%	
Gastos fijos	-	$300k	30%	Costos incurridos con o sin ventas
Ganancia operativa	=	$200k	20%	

Ahora miremos su declaración de flujo de efectivo para ver que paso con sus ganancias:

Declaración del flujo de efectivo 201x			
Ganancia	+	$200k	Ganancias antes de impuestos
Compra de equipos	-	$75k	Compra de activos fijos sin gastos
Inventario adicional	-	$50k	Compra de activos actuales sin gastos
Incremento en el A/R	-	$35k	Crédito de cuentas por cobrar
Principal de préstamo	-	$25k	Saldo del préstamo de pago
Retiros del dueño	-	$25k	Retiros para uso personal
Incremento de A/P	+	$10k	Crédito cedido por proveedores
Flujo de efectivo neto	=	$0	Cambio en efectivo durante el año

Aunque el negocio hizo 200.000USD en ventas, su balance de efectivo estaba como al principio debido a 200.000 en no-gastos de efectivo saliente. Como si fuera poco, Andy tenía ahora un cobro de impuestos por 50.000USD. Afortunadamente, su crédito era excelente y la compañía demostraba ser rentable. Gracias a esto él fue capaz de asegurar financieramente a su compañía evitando así una caída en corto. Esto lo salvó también de incurrir en una multa con el IRS y de una retención probable de su crédito. Muchos emprendedores en una situación similar no son tan afortunados. En el próximo capítulo discutiremos cómo Andy fue capaz de obtener capital y cómo podemos nosotros conseguirlo para salir de esta situación o de cualquier otra.

Aprende más de los temas discutidos en este capítulo y de otros cursos disponibles en la universidad Small Business Pro (www.SBProU.com).

Enseñanzas clave

1) Hacer los números no es tan difícil como parece.
2) No puedes entender el negocio si no entiendes los números.
3) Sin los números terminaras trabajando "**DENTRO**" del negocio en lugar de "**SOBRE**" él.
4) Los números te ayudaran a planificar y anticipar efectivamente.
5) Esperar solo te saldrá más caro (buenas decisiones vs. aprender de las malas)

Capítulo 4 - ¿Dónde encontraré el dinero?

Una de las frases de película de Hollywood más célebres y pegajosas es: "¡Muéstrame el dinero!". El acceso a capitales es uno de los mayores desafíos que los emprendedores y dueños de negocio pueden tener. Hay muchas razones que explican el porqué es tan difícil levantar capital. Aquí intervienen factores como encontrar la fuente correcta, crear un atractivo plan de negocios, conservar suficiente patrimonio neto de tu propiedad en el trato, demostrar tu propia credibilidad crediticia o la viabilidad de tu producto o servicio, tus capacidades en el desarrollo empresarial, entre otros. La mayoría de las personas que nunca han buscado financiación tienen expectativas irreales acerca del levantamiento de capital, lo cual es la razón por la que no obtienen un buen trato de fondeo, si es que lo obtienen. Estas expectativas vienen de rumores de glamorosos patrimonios privados e inversiones en capital de riesgo, de creer que tu producto es único y se venderá solo o de las exaltaciones que se hacen en los medios de comunicación sobre las rondas de levantamiento de capital haciéndolo parecer fácil.

Ten claro esto: cuando puedas salir caminando con un cheque para tu empresa en las manos, los días de hacer planes en servilletas se terminaron. Desde la crisis financiera de 2008 se ha vuelto mucho más difícil conseguir financiación y la cantidad de documentación, planificación y preparación requerida es mucho mayor de lo que ha sido en el pasado. A continuación, revisemos algunas de las razones por las cuales los pequeños negocios fracasan en el intento:

- No tener claro cuánto capital se necesita.
- Inadecuadas inversiones de efectivo personal.
- Modelo de negocio que no funciona.
- Insuficiencia de flujo de efectivo para cubrir pagos.
- Solicitudes de fondos en lugares equivocados.
- Falta de preparación.
- Fallas en el manejo de asuntos crediticios.
- Plan de negocio de bajo estándar.
- Proyecciones financieras incompletas.
- Falta del equipo adecuado o de experiencia.

La mayor falla en realidad está en la falta de conocimiento acerca de cómo el negocio propio opera. Esto es evidenciado por los mismos propietarios al no conocer su modelo de negocio y no trabajar sobre el negocio (puntos en los que nos enfocamos en el capítulo anterior).

Algunas personas piensan incluso que allá afuera hay subvenciones para los pequeños negocios. La verdad es que no hay ni subvenciones ni garantías para ningún propósito. La única forma realista de obtener dinero gratis para tu negocio es a través de un plan de negocios o de un concurso empresarial de pitch, o posiblemente mediante crowd founding, y esto requerirá tu tiempo y energía, que también tienen un costo. El Crowd founding es mucho más difícil de lo que parece y rinde menores frutos de los que la gente se imagina. De acuerdo con informes de Quora, la distribución en las cantidades durante las campañas de levantamiento de capital en Kickstarter es como sigue:

- Cerca del 11% no levantó nada en absoluto (Indiegogo 14%)
- Cerca del 75% levantó poco menos de 10.000USD (Indiegogo 81%)
- Cerca del 13% levantó entre 10.000 y 100.000USD (Indiegogo 5%)
- Cerca del 1% levantó más de 100.000USD (Indiegogo 0%)

Según la página de estadísticas de Kickstarter, solo al rededor del 36% de las campañas lanzadas en la plataforma tienen éxito, y de estas campañas la mayoría terminan con menos de 10.000USD. Si realmente quieres levantar MUCHO dinero, entonces necesitarás un producto/precio excepcional, una página altamente persuasiva y un marketing extraordinario que atraiga a muchas personas, en ese orden. Además, no hace ningún daño tener una red de personas adineradas de las cuales puedes extraer capital.

Quizá aún más importante es que muchos emprendedores subestiman la contribución personal que ellos necesitan proveer, que es por lo general del 30%. Piensa en ello un momento poniéndolo en número reales. Si tus costos de arranque son de 100.000USD, necesitaras poner 30.000USD de tu bolsillo sobre la mesa.

O.R.A.R. por Financiación

Cuando trabajo con emprendedores y pequeños propietarios, me doy cuenta de que encontrar financiamiento es uno de sus mayores desafíos. Parcialmente esto se debe a que se ha vuelto mucho más difícil obtener capital, pero sobre todo a que los dueños de negocio no completan los requerimientos necesarios para obtenerlo desde una posición cómoda. Como respuesta a esta limitación, desarrollé la siguiente metodología para ayudar a los emprendedores a prepararse tanto como sea posible para ganar acceso a capital exitosamente.

Como emprendedor o dueño de pequeño negocio debes O.R.A.R. para obtener capital. Esto no significa necesariamente que tengas que ponerte de rodillas y pronunciar alguna plegaria, aunque si lo haces no te haría ningún daño. Más bien estoy hablando de **O**rganizar la preparación de tu negocio y de mismo, **R**astrear los tipos de financiación de prestamistas y de inversores para determinar cuál se ajusta mejor a tus necesidades; **A**rmar toda la documentación de forma rápida y precisa; y **R**esistir y ser paciente dejando al prestamista manejar el proceso y ser suficientemente flexible para responder a sus necesidades rápida y efectivamente. Como dueño de pequeño negocio, si sigues este procedimiento de cuatro pasos, aumentarás ampliamente tus probabilidades de obtener el tipo correcto de financiación para tu negocio. Además, en el proceso aprenderás muchísimo acerca de cómo tu negocio opera y esto impactará muy positivamente sobre como proyectas tus estrategias en el futuro.

El primer punto y más importante: ¿cuándo empezar a prepararse para el financiamiento? Ayer, pues cuanto antes empieces, mejor será tu posición cuando el momento adecuado llegue. Generalmente, querrás empezar a planificar tu solicitud de financiamiento seis meses antes de que la necesites. Esto puede parecer una eternidad para muchos emprendedores que necesitan la financiación lo más pronto posible. Desafortunadamente, la mayoría de los propietarios, no empiezan a buscar financiación hasta que es casi demasiado tarde, lo que equivale a presentarse frente a los inversionistas sin preparación ni organización alguna. El resultado invariable en este escenario es la negación del financiamiento y el consecuente impacto negativo sobre el negocio.

Organizar

Empecemos organizando la preparación de tu negocio y a de mismo para la financiación. ¿Como lo harías tú? Lo primero es hacer una evaluación de la posición actual de tu negocio en términos de tus reportes de crédito y también de tu crédito (score) personal, estableciendo tu patrimonio neto personal (activos menos pasivos), asegurando que tus pagos de impuestos estén completos, revisando tu currículum profesional, los ingresos de los que puedes disponer (ingreso menos gastos), y otros elementos clave que serán evaluados durante el proceso de la toma de decisiones de la financiación.

Me he encontrado con muchos emprendedores que no han ojeado su reporte de crédito ni su crédito personal en un buen rato. Es muy aconsejable chequear estar cosas con regularidad. Aquí puedes hacerlo www.freecreditreport.com o también en las páginas web de cualquier bureau de crédito (Experian, Equifax y TransUnion). No es raro encontrar inexactitudes que puedan ser resueltas fácilmente, pues hay cambios en el crédito que pueden tomarse de dos a tres meses en reflejarse en tu historial. Tomando en cuenta esto, es importante y necesario que revises y actualices tu crédito continuamente asegurándote que sea lo más exacto posible. Con frecuencia los dueños de negocio piensan que pueden proveer el historial de crédito de su negocio en lugar del suyo personal y esto es falso. Generalmente, tu crédito personal es el indicador clave al menos hasta que te conviertas en un negocio de tamaño mediano (ingresos mínimos de 20 millones USD al año).

También es importante que tengas una clara imagen de tu patrimonio neto, que reflejará tus activos comparados con tus pasivos. Asimismo, puede mostrar los diferentes tipos de bienes colaterales de garantía que tienes. Es muy posible que una persona tenga un patrimonio neto negativo al deber más dinero que el valor de todo lo que posee. Esto es muy común en recién graduados universitarios, que tienen muchos prestamos encima y no han tenido tiempo de construir sus propios activos. Tener un patrimonio neto negativo limita considerablemente tu acceso al financiamiento. Por todo esto es importante conocer bien cuál es tu estatus y buscar mejorar continuamente tu patrimonio. Cuanto más alto, mejor.

Siempre me sorprende como muchos propietarios de negocio se atrasan en sus declaraciones de impuestos, y no necesariamente incurriendo en atraso de meses sino incluso a veces de varios años. Sin tener estas declaraciones al día es casi imposible obtener financiación. Primero, porque ese es el documento esencial que los prestamistas e inversores usan para analizar tu rentabilidad. Esto se debe a que es muy raro que una persona declare más de lo que gana, pagando así más de lo que debería. En cambio, si declaras por debajo de tu ingreso real, serás menos elegible para el financiamiento y en caso de serlo afectaras negativamente el monto del capital cedido. Al final del día, necesitas declarar tus impuestos con la mayor exactitud posible.

Mientras preparas tu presentación personal también necesitas preparar la de tu negocio, lo cual implica mantener tus finanzas actualizadas, preparar el plan de negocio, hacer proyecciones financieras y tener lista la declaración de impuestos. A pesar de que los dueños de negocio saben que deben tener un plan, la mayoría no tiene uno, o al menos uno actualizado. Cuando se está buscando financiación, cualquier prestamista o inversor necesitará ver tu plan de negocios para entender cómo tú esperas invertir ese capital y cuál será el retorno esperado. Los planes de negocio también demuestran qué tan bien entiendes el negocio en el que estas involucrado, y sirve como guía para asegurar que sigas en la ruta trazada por tus metas. Tu plan de negocios no debe tener cincuenta o cien páginas de extensión. Los prestamistas usualmente prefieren un resumen de 1 a 3 páginas que expliquen tu negocio y tus expectativas de crecimiento con proyecciones financieras. Aunque es posible que te soliciten más detalles, lo más seguro es que con este breve documento sea suficiente para un negocio existente. (Leer *Mi Manual de mi Plan de Negocios* de Laurana Edwards para una vía simplificada en la rápida creación de un plan de negocios).

Tal como mencionamos en capítulos anteriores, muchos dueños de negocio no usan información financiara de orden cuantitativo cuando toman sus decisiones. En cualquier situación, esta es la única manera de saber cómo opera tu negocio. Ya dijimos que es tu responsabilidad como dueño de empresa conocer y entender los números que te llevarán por el camino seguro y demostrable de tus buenas decisiones. Es por esto por lo que debes tener información precisa y actualizada siempre a la mano y entender claramente el mensaje implícito en ella. Recuerda usar una base semanal o mensual de acuerdo con el tamaño de tu compañía.

Una vez tengas tu información personal y la de tu negocio preparadas, resulta esencial determinar cuánto dinero necesitarás para echarlo a andar, así como planificar cómo lo obtendrás, además de cuándo y cómo lo pagarás de vuelta. La mayoría de los emprendedores con los que he trabajado tienden a sobre o subestimar cuánto dinero necesitan. Primero, para tener una idea aproximada es bueno saber cuánto necesitarás para cubrir tus gastos de equipamiento por 12 meses, en lugar de pensar en todo el dinero en total. Segundo, es importante trabajar en determinar los gastos en detalle y no lanzar una cifra global al aire que sea demasiado ambigua, como 50.000, 100.000 o 1 millón de dólares.

Si eres como la mayoría, estarás ansioso por salir a la plataforma de lanzamiento. Dicho esto, no caigas en la trampa de quedarte corto en tus propias estimaciones. Muchas veces, las personas subestiman sus requerimientos de capital por no calcular con detalle sus costos de arranque, sobrestimando sus ventas al principio, no conociendo realmente el costo de sus productos ni tampoco otros costos menores u ocultos. Pero la mayor razón al subestimar está es no incluir tres meses de costos fijos al capital de trabajo. Necesitas añadir todos tus costos con el mayor detalle posible y luego añadir esos tres meses de costos fijos proyectados. En el capítulo anterior discutimos el tópico de los costos fijos. Como recordatorio, ten en cuenta que incurrirás en estos costos tengas o no tengas ventas.

Cuando conocí a Andy Vieira, CEO de Trucktech Parts and Services, presentado en el capítulo anterior, él estaba buscando asesoría para refinanciar sus instalaciones a través del Small Business Development Center (SBDC) en Rutgers Newark. Andy había adquirido previamente el edificio a través de una venta financiada. Mientras evaluábamos su preparación, encontré que su declaración de impuestos actual estaba en extensión y la anterior mostraba un ingreso muy pequeño. Además, sus registros financieros no eran tan precisos ni estaban tan actualizados como deberían estarlo. Debido a esto, Andy no estaba bien enterado de la situación financiera de su negocio y por lo tanto no estaba listo para reunirse con potenciales inversores.

Andy estaba descontento con su contador, quien entonces tenía problemas de salud y estaba cerca del retiro. Su trabajo y seguimiento de las finanzas de la empresa era más lento del requerido indispensable y tampoco había hecho ningún esfuerzo en entrenar al contable de los libros de Andy ni en compartir ningún conocimiento financiero más allá de la mera labor de la entrega de la declaración de impuestos. Como muchos contadores, su objetivo estaba en minimizar los impuestos pagados, esto es, declarando un ingreso mínimo posible, lo cual puede resultar contraproducente para compañías que están buscando financiamiento o quieren ser vendidas en los próximos dos años.

Dile a tu contador por adelantado que estás buscando financiación.

Desde aquí orientamos la preparación de Andy solventando sus necesidades mediante la contratación de un nuevo equipo contador/contable para poner sus registros financieros en orden y preparar sus impuestos. Esto también incluía enmendar su anterior declaración y entrenar a su interna contable en el manejo de Quickbooks. Además, ayudamos a Andy a entender lo que su modelo de negocio estaba diciendo acerca de su compañía. Estimamos su potencial de financiación y de qué manera esto tendría un impacto positivo en su negocio. Los reportes financieros y los libros contables de Trucktech están ahora actualizados y organizados en una base semanal. Esta preparación fue esencial, asegurándole a Andy financiación adicional para implementar el plan de crecimiento de pequeña empresa GS 10K que él mismo desarrolló.

Rastrear

Rastrear a los diferentes tipos de prestamistas, inversores y productos para determinar cuál es el que mejor se ajusta a tus necesidades. Tal como el panorama virtual, donde hay miles de diferentes negocios y comunidades online, sucede lo mismo para el mundo financiero. Prestamistas e inversores generalmente poseen perfiles de acuerdo con sus preferencias en la industria, tamaño de empresas, tipo de fondeo y muchos otros parámetros.

También es esencial descifrar cuáles fuentes de capital pueden ajustarse mejor a tus requerimientos. Estos fondos tienen diferentes criterios, diferentes preferencias por los tipos de negocios a financiar, determinados rangos de lo que están dispuestos a prestar y diferentes expectativas de retorno de las inversiones. Es importante pues, investigar o buscar asistencia para determinar todos estos factores antes de aproximarte a una fuente de financiamiento. De esto se trata "pescar en el estanque correcto". Algunos de las más comunes fuentes de financiación se ajustan a estos perfiles:

Inversión personal - Este es siempre el primer y más importante paso en el proceso de financiamiento. Nadie te dará dinero si antes tú mismo no estas poniendo dinero en tu negocio. La mejor manera de hacer esto es usar los ahorros personales que te permiten trabajar sin condiciones. Dicho de forma simple, cuando es tu dinero; tú estás a cargo. Además, no tendrás que pasar por un proceso que consumirá tiempo y energía, lo que te permitirá enfocarte mejor en lograr el éxito de tu negocio. Un problema con el auto financiamiento es que vas a carecer de una perspectiva externa sobre la viabilidad de lo que estas intentando hacer. Es más fácil y doloroso aprender perdiendo tu propio dinero. ¡Asegúrate de no perderlo todo antes de obtener financiación!

Echemos un vistazo a otra típica fuente de financiamiento para startups. Tarde o temprano, la mayoría de los emprendedores usan su crédito personal como fuente de fondeo para su negocio. Esto puede ser bueno o malo dependiendo de la situación y, sin embargo, a veces se convierte en tu única alternativa. Puede ser bueno al resultar más rápido, fácil y barato que una fuente externa. Y también puede resultar contraproducente al reducir tu score de crédito considerando cuánto tomes prestado y cuánto tardes en pagar.

Amigos y familia - Podrían invertir en ti porque te conocen y confían en ti. Sin embargo, es importante delinear claramente que tipo de inversión les estas presentando; esto es, si es un préstamo o si están compartiendo el patrimonio del negocio. También cuáles son sus expectativas de retorno (mínimo o basado en el mercado), el lapso en el que esperan su dinero de vuelta y cómo será manejada cualquier disputa. Esta es una de las inversiones típicas de muchas startups y compañías en edad temprana que no están produciendo grandes ganancias.

En mi experiencia de trabajo con Myani Lawson (ver capítulo anterior), propietaria de Envision Education, nos enfocamos en su necesidad de financiación para restaurar la precaria situación de su flujo de efectivo. Dados los ingresos mínimos que ella estaba generando y la carencia de un bien colateral de garantía, hubiera sido realmente difícil obtener financiamiento bancario. Un préstamo SBA era más viable, excepto por el hecho de que ella y su esposo no estaban dispuestos a usar su casa como colateral. Eso dejaba solo tres opciones de financiamiento: ahorros personales, crédito personal o inversiones de familia o amigos. Como Myani ya había agotado la mayor parte de sus ahorros y su crédito personal, el financiamiento de amigos o familia resultaba ser la opción viable. Lo siguiente fue elaborar un detallado plan de su propuesta de negocio y presentárselo a sus parientes y conocidos. Afortunadamente, en el proceso logró contactar con alguien que se conectó directamente con la misión de la escuela, prestándole el dinero que necesitaba a términos flexible y una tasa muy razonable. Gracias a la investigación Myani no desperdició tiempo buscando financiación de organizaciones cuyos criterios de préstamo no hubieran podido ayudarla.

Micro préstamo - Esta opción es la mejor para préstamos de 10.000USD o menos, aunque muchos pueden llegar hasta los 25.000USD o 50.000USD. Estos prestamistas se enfocan en negocios que no pueden obtener fondos de un préstamo bancario tradicional. La principal ventaja de trabajar con estos préstamos está en que en ciertos aspectos pueden llegar a ser más indulgentes. En todo caso, necesitarás tener suficientes ingresos para pagar de vuelta el préstamo y los intereses que son más altos que los de un banco tradicional. Estos prefieren, aunque no siempre exigen un bien colateral. La buena noticia es que hay un amplio rango de tipos de bienes colaterales que estos están dispuestos a usar, como automóviles o equipos del negocio de bajo costo. Hay muchos prestamistas que son usualmente organizaciones sin fines expresos de lucro, mientras que otras si constituyen compañías lucrativas. Por lo general el lapso de retorno de capital con el que trabajan es de 5 años o menos y la tasa de interés entre el 8 y el 12% para la fecha actual (2018). Los micro prestamistas podrían dar prioridad a aquellos negocios que tienen algún punto negativo en sus perfiles, pues están dispuestos a tomarse el tiempo y evaluarlos por largo tiempo. Otros prestamistas están a menudo menos dispuestos a pasar por alto estos aspectos negativos que pueden incluir pasadas bancarrotas o problemas legales. Muchos micro prestamistas proveen asistencia técnica para ayudar a los emprendedores a mejorar su crédito y sus habilidades empresariales para prepararlos a calificar a financiación bancaria en el futuro.

Prestamistas de flujo de efectivo - Te financiarán basados en el flujo de efectivo entrante y saliente de tu negocio. Hay desventajas significativas de las que deberías estar consciente al usar este tipo de fuente. Por ejemplo, muchos de ellos cobran una tasa alta de interés y deducen dinero de tu cuenta cada día. Además, cobran todo el interés por adelantado de forma tal que tendrás que pagar el total del interés del préstamo antes de empezar a pagar el capital, lo que hace el costo aún mayor si pagas el préstamo antes. Estos son prestamistas predadores y lo mejor será evitarlos. Sin embargo, muchos dueños de negocio quedan atascados sin alguna otra alternativa y apelan a este tipo de financiación como último recurso. Aunque puede parecer útil al principio, con total frecuencia pueden dejar al emprendedor peor que antes del préstamo o sencillamente fuera del negocio. Generalmente, estos prestamistas te prestarán hasta el 10% de tu flujo de efectivo.

Crédito comercial - Se refiera a obtener términos de pago de tus proveedores de forma que no tengas que pagarles C.O.D. (Cash on delivery). Generalmente, puedes lograr de 15 a 30 días de plazo si tienes un crédito decente y no te has atrasado en ningún pago anterior. Este es en realidad el más fácil y mejor tipo de financiación que puedes obtener pues en la práctica tu proveedor te está prestando dinero sin ningún costo.

Factoraje (AR&PO) - Las cuentas por cobrar son lo contrario del tipo de financiación anterior. Cuando suministras un bien o servicio y emites una factura que será pagada después, haces una venta sin recibir ningún retorno inmediato, lo cual puede afectar severamente tu flujo de efectivo. Los inversores que financian por factoraje te compran esta factura a un determinado descuento y el cliente paga ellos en lugar de a ti. De este modo obtienes un poco menos de efectivo, pero más rápido mientras el inversor obtiene la ganancia de trabajar con el cliente a un plazo mayor a una tasa de interés mayor.

Sin embargo, en ciertas situaciones no hay fuentes de préstamo contra las cuentas por cobrar (Accounts Receivable, AR o también conocido como Factoring). Si es así, deberás estar trabajando con un cliente de crédito confiable y entregar tu producto o servicio junto con una factura aprobada antes de tener acceso a los fondos. Por lo general, esto es mucho mejor cuando estás trabajando con grandes compañías o instituciones del gobierno que pueden tomarse entre 45-60-90 días en pagarte una factura. En lugar de eso, estas transformando tus cuentas por cobrar en efectivo mucho más rápido. Una ventaja de este tipo de financiamiento es que no se crea una deuda que necesita ser repagada. En cualquier caso, necesitas tener altos márgenes (al menos de 25%) para asegurarte que puedas costearlo y un así mantenerte rentable. Esta no es ni la menos ni la más costosa financiación. Un par de puntos extra al usar este tipo de fondeo: las tasas bajan a medida que lo haces exitosamente; así no tienes que recalificar para obtener fondos adicionales y los prestamos no están necesariamente basados en tu ingreso, colateral o perfil de crédito.

Bancos tradicionales - El rango de estos prestamistas van desde bancos comerciales, comunitarios, de ahorro, de inversión, mercantiles, privados hasta Uniones de Crédito. Sus productos incluyen: Préstamos SBA, Líneas de Crédito, Tarjetas de Crédito, Hipotecas y financiamiento de equipos.

Una vez que fuimos capaces de ayudar a Andy a preparar su

información financiera adecuadamente, era el momento de explorar sus opciones de financiación. El próximo paso era encontrar al prestamista correcto que le proveería los mejores términos y un giro más rápido. Su negocio se ajustaba mejor a bancos de tamaño pequeño o mediano, pues estos prefieren prestar con fianzas en bienes inmobiliarios y trabajar con compañías de menor tamaño como la de Andy. Aunque él era un gran candidato para financiamiento, no tenía asegurado un cierre rápido. El proceso de obtener la aprobación del asegurador, completar un reporte medioambiental, tasar la propiedad y proveer numerosa documentación tomó al menos 60 días antes de abrir el acceso a los fondos. Debido a la cantidad de patrimonio inmobiliario, Andy aseguraba un préstamo de hipoteca, una significativa línea de crédito y financiación para equipo, todo junto. También logró excelentes tasas de interés y negociar las cuotas a casi nada. Es duro calificar a financiación bancaria, pero los términos y cuotas son mucho menores que en las otras opciones.

Inversores Ángel - Si, hay ángeles entre nosotros aquí en la tierra. ¿Dónde están? Los inversores ángel son individuos privados o grupos de personas que han agrupado su dinero y se dedican a invertir en prometedoras startups o compañías en temprana fase. Aunque los inversores ángel parecen ser una gran fuente, es muy infrecuente obtener dinero por este medio, a menos que uno de estos ángeles resulte ser un amigo o familiar tuyo. Solo ten en cuenta que estos inversores requieren un fuerte y sólido plan de negocios y un producto de alta comercialización. Un equipo administrativo y de gerencia fuerte es esencial, pues ellos ponen gran peso sobre la probabilidad que tiene este equipo de implementar su plan exitosamente. Los inversores ángel tienen tendencia a invertir en industrias que ellos mismos entiendan, de modo tal que tu negocio debe estar situado dentro del foco de sus intereses. Dicho de otro modo, antes de acercarte a ellos investígalos. Estos también prefieren invertir en negocios locales en los que puedan mantener de cerca un ojo. Algunos individuos Ángel invierten de 25.000USD a 250.000USD. Algunos grupos pueden sindicarse y financiar por encima del millón. Como sea, la mayor parte de los pequeños negocios no se ajustan a sus perfiles idóneos, pues ellos revisan toneladas de propuestas y solo unas pocas obtienes fondos. Entonces ¿cuáles son tus probabilidades con estos inversores? Fíjate si tu negocio reúne estos criterios adicionales: ellos están buscando negocios con una alta tasa de crecimiento y una jugosa y rápida oportunidad de salida (generalmente de 18 a 36 meses). No quieren ser tus socios de por vida. Solo quieren hacerte despegar exitosamente, alcanzar alta rentabilidad de forma rápida y también ver a tu negocio moverse hacia adelante para futuras rondas de levantamiento de capital de expansión en fuentes de capital de riesgo o inversores patrimoniales privados. Un inversor Ángel usualmente busca al menos un 25% de retorno. La mayoría no suministra asistencia adicional además del dinero, aunque muy pocos podrían. En la mayor parte de los casos te dejarán manejar tu negocio sin intervención.

Capital de riesgo (Venture Capital, VC) - también conocido como fondos de capital buitre, por la forma en que algunos tienden a operar. Aunque la atracción por este tipo de inversión es fuerte, es extremadamente difícil obtenerla y existen muchas ataduras implícitas. Debes saber que un VC se envuelve muy íntimamente en el manejo de tu compañía, estableciendo muchas metas progresivas para alcanzar y tomar patrimonio adicional (propiedad) en caso de que no sean alcanzadas. Muchos de ellos insisten en una participación mayoritaria para ellos mismos o para el grupo al que representan. Esto significa que tú te arriesgas a convertirte en un propietario minoritario del negocio que tú mismo fundaste - lo que nosotros llamamos una "dilución". Los VCs también tienen altas expectativas de ingreso y buscan ganar de su inversión al menos el 100% anual por un periodo de 5 años. Por lo tanto, las compañías en las que ellos invierten deberán tener el potencial de alcanzar crecimiento exponencial para llamar su atención. Una ventaja para tomar en cuenta es que estos inversores proveen experiencia de profundidad y excelentes conexiones. Típicamente, los VCs son atraídos por los siguientes sectores: tecnología, salud, medios y entretenimiento, que son negocios con amplio margen de escalabilidad. Ten en cuenta que deberás pagarles por adelantado sus costos y cuota de diligencia e investigación de la viabilidad de tu negocio, mucho antes de aprobar tu solicitud. Los VCs consideran inversiones de al menos 10 millones de dólares.

Patrimonio/capital privado - Las inversiones de capital privado son también difíciles de conseguir debido a que las firmas que proveen este servicio requieren de un negocio altamente rentable con un producto o servicio probado en el mercado y con un significativo potencial de crecimiento. Estos inversores se inclinan por arriesgarse menos que los VCs, y aun así esperan un rendimiento del 25% anual de su dinero inicial. Es común que trabajen con un horizonte de tiempo mayor al de los VCs, pues también suelen ser más pacientes. Igualmente, para asegurarles sus fondos e intereses, necesitarás una propuesta irresistible, un sólido equipo de trabajo, un plan de negocios fuerte y un excelente potencial de crecimiento.

Armar la información.

Una vez que te has organizado a ti y a tu negocio rastreando adecuadamente los tipos de financiamiento que buscas y los mejores potenciales inversores y prestamistas, es el momento de armar la información que necesitarás en tu presentación. Si alguna vez has comprado una casa, sabes bien de los documentos requeridos que necesitas proveer. Para financiamiento empresarial, hay muchísimos más requerimientos, por lo que es importante empezar a juntarlos antes de necesitarlos. La mayoría de las veces, hay listas estandarizadas de los documentos que son solicitados de ti y de tu empresa. Incluyen tres años de declaraciones de impuestos tanto tuyos como de la compañía, estados financieros hasta la fecha y de los últimos dos años, tus estados financieros personales y cuentas de informe de vencimiento de cuentas por cobrar, un calendario de deudas y un plan de negocios o sumario de la compañía. Más allá de esto, huy muchos elementos adicionales que pueden ser solicitados por adelantado y durante el proceso de aseguranza. Cuanto más rápido proveas los documentos requeridos, más rápida será procesada tu aplicación y más cómodo el prestamista o inversor se sentirá contigo. Alguno de estos documentos adicionales podría incluir tu licencia de conducir, estados bancarios, listas de equipamiento, informes de cuenta pagaderos de vencimiento, biografía, currículum profesional, certificaciones, acuerdos y contratos con referencia e información de contadores y abogados. Ensamblar esto por adelantado reducirá estrés y asegurará que estás entregando información precisa en una base oportuna, lo cual acelerará el proceso. Generalmente, deberías tener estos documentos en formatos electrónico para que puedas enviarlos y subirlos a internet rápidamente.

Resistir

La última parte es la más difícil, pues debes resistir el proceso de evaluación de aseguradores y analistas. Desde aquí tendrás muy poco control sobre lo que pase en tu revisión. A veces esto puede ser frustrante, especialmente si ellos siguen pidiendo más y más documentos en lugar de haberlos pedido por adelantado. Es aún peor cuando te piden la misma cosa repetidamente. Este proceso puede llegar a sentirse como la tortura china del goteo, que gota a gota te va volviendo loco. A pesar de lo doloroso que el proceso pueda ser, no tienes asegurado un cierre exitoso y acceso al capital. El trato puede desmoronarse en cualquier momento y no será seguro hasta que tengas el dinero en tu cuenta bancaria, lo que puede parecer una eternidad, especialmente cuando de verdad necesitas el dinero. Sin embargo, no hay nada que puedas hacer además de esperar y ceder a las peticiones de los inversionistas esperando que suceda lo mejor.

Siguiendo la metodología O.R.A.R. para acceder a capital, incrementarás significativamente tu probabilidad de recibir el tipo de financiación que necesitas en el menor tiempo posible.

Aprende más de los temas discutidos en este capítulo, de mi libro Get *Your Business Financed Faster and Easier; The P.R.A.Y. System to Access Capital*, y otros cursos disponibles en la universidad Small Business Pro (www.SBProU.com).

Enseñanzas clave

1) Tu reporte de score personal es esencial.

2) Tener un bien colaterales de garantía es de gran ayuda.

3) Tus declaraciones de impuestos deben estar completas y mostrar (ojalá) que estás haciendo dinero.

4) Sin sorpresas. La transparencia total es de vital importancia. Es mejor declarar algo negativo a que luego salga a la luz por cuenta propia. Tu credibilidad es uno de los pilares para obtener el financiamiento.

Capítulo 5 - ¿Soy yo o mis empleados están locos?

Todos hemos escuchado la cita: "ningún hombre es una isla" de John Donne. Probablemente es más verdadera en los negocios que en cualquier otra área de la vida. Como emprendedores, nosotros podemos trabajar muchas horas y producir muchísimo por nuestra cuenta propia, pero a medida que tu negocio crece deberás construir capacidad contratando personas. Es tiempo de buscar ayuda una vez que tus ingresos y capital de trabajo están consistentemente en un nivel en el que pueden sostener el costo de un empleado. Incorporar personas cambiará inherentemente tu organización. Que sea para bien o para mal depende de ti. En tanto que es tu organización, es tu trabajo integrar efectivamente a cada uno de tus empleados dentro del equipo para que cada uno pueda hacer su contribución máxima al éxito del negocio. Aunque puede sonar simple, es más fácil hablar que hacer. Manejar, contratar y tratar con gente es una de las responsabilidades más desafiantes que todo emprendedor y dueño de negocio debe enfrentar. Michael Gerber, en *El mito del Emprendedor Dominado*, dice que, en lugar de gente, debes manejar sistemas. En el libro, Gerber establece las claves para construir un equipo operativamente exitoso dentro de tu organización.

Sistemas y Procesos.

Entonces ¿qué significa esto? Significa que tú debes aportar el trabajo inicial para crear y formalizar la estructura y los procesos dentro de tu negocio. Esta es una parte clave de trabajar **SOBRE** tu negocio. Necesitas implementar procesos estandarizados para todo, así como los sistemas que los sostienen.

"Tu principal rol consistirá en ir de mánager a líder"

A medida que tu organización crece, tu principal rol consistirá en ir de manejar tu organización a liderarla. Esto será mejor logrado mediante el ejemplo, estableciendo políticas y desarrollando la mejor cultura (ambiente de trabajo) para alcanzar tus metas. Estas tres tareas no pueden ser delegadas a nadie más, pues son esenciales al impulsar tu organización hacia adelante. Considerando que probablemente nunca hayas hecho esto antes, seguramente necesitarás ayuda externa en términos de coaching, consultoría o entrenamiento. Si haces esto correctamente, tu rol en la compañía será más bien simbólico, serás un comunicador y un facilitador en lugar de enfocarte en el día a día de las operaciones del negocio. Ahora, esto es importante en el proceso de trabajar **DENTRO** de tu negocio a trabajar **SOBRE** tu negocio y debe ser completado si alguna vez deseas estar en la posición en la que puedas dedicarte a trabajar **EN EL FUTURO** de tu negocio.

Dado que la mayoría de los emprendedores y dueños de negocio están trabajando en la fase uno, esto es, dentro del negocio, gastan mucho tiempo operando de cerca con sus empleados. Esto resulta en el desarrollo de relaciones personales que pueden complicar el proceso de supervisión efectiva sobre los empleados y las operaciones de tu negocio. Ellos experimentan atracción emocional, conflicto y confusión de roles. Como supervisor, tu trabajo consiste en asegurar que el trabajo sea hecho y que tus empleados están cumpliendo su parte. Muchas veces, este tipo de relación puede ser antagónica (¿cuántas veces tú mismo has odiado a tu jefe?) Sin embargo, como mánager tu trabajo está en ser líder, en empoderar gente y en inspirar a las personas a que den el máximo de sí mismos. ¿Como podrías lograr esto efectivamente si ellos no te respetan, si no les gustas o si no confían en ti? Usualmente el supervisor es el encargado de ser duro, de entregar las malas noticias y de darle retroalimentación a los empleados acerca de su rendimiento. A la inversa, como gerente, tu trabajo es enfocarte en el negocio en términos de desarrollo de estrategias y planes en el incremento de las ventas y la productividad. Considerando este conflicto inherente que los dueños de negocio tienen, la relación con los empleados se torna especialmente difícil. Debes lidiar con asuntos personales y múltiples personalidades, lo que puede llegar a ser desgastante. El punto es que es difícil, si no imposible lograr ser buen supervisor y un mánager efectivo al mismo tiempo. Estás cumpliendo dos roles muy diferentes que demandan actitudes en conflicto, haciendo que sea difícil cumplir uno bien, y dos demasiada carga para una sola persona. El resultado es que los emprendedores o dueños de negocio experimenten alto estrés y a veces busquen evitar el conflicto con sus miembros de equipo, en lugar de enfrentarse y lidiar con los sensibles asuntos que requieren su atención.

Uno de mis clientes ha estado en su negocio por más de 20 años con 12 empleados y ningún supervisor real. Él debe, por sí mismo, supervisarlos a todos, lo que es ya un trabajo a tiempo completo. Sumando a eso que su negocio está abierto 12 horas diarias, 7 días a la semana, además del trabajo operativo, servicio al cliente y entrega del producto. Esto ya lo hace un trabajo y medio. ¿Cómo podría encontrar el tiempo para trabajar **SOBRE** su negocio y alcanzar la segunda fase?

El primer paso en su proceso fue leer *El Mito del Emprendedor Dominado,* ayudándolo a entender qué debe hacer y porqué. El siguiente paso fue cerrar por un día a la semana para descansar y trabajar sobre su negocio. Aunque este es un buen comienzo, sin supervisor él nunca sería capaz de mover su negocio hacia adelante con sentido.

Este nivel de estrés puede llegar a generar el desprecio del propietario contra sus empleados. Los dueños de negocio realmente odian cuando les digo esto, pero es su culpa. Dado que ellos son los dueños del negocio, tienen control y pueden establecer todas las reglas, ellos tienen las herramientas para crear una mejor situación. Lo difícil puede ser que los dueños de negocio no hayan aprendido las habilidades de manejo y supervisión necesarias para hacer su trabajo efectivamente. Esta idea me recuerda una de mis líneas favoritas de *Duelo de Titanes,* una película que me gusta mucho. Aparece cuando el líder del equipo está reprendiendo a un jugador por no dar lo mejor de sí ni ayudar a sus compañeros, reprochándole por tener una mala actitud. En eso el jugador se voltea y menciona ciertos problemas que han estado sucediendo injusta y descaradamente y dice: "La actitud refleja liderazgo". Ese fue un punto de quiebre en el equipo al darse cuenta el mánager que en realidad él mismo no estaba haciendo su trabajo. Lo primero que hizo entonces, fue tomar responsabilidad por todos y todo lo que estaba pasando en el equipo, creando un ambiente inspirador en el que todos pudieran aportar el máximo. El resultado apareció pronto, el equipo se unió más, empezaron a divertirse más y a jugar mejor que nunca. Es una importante y muy preciada lección que debe ser aprendida por todos los dueños de negocio.

Pero entonces, ¿qué deberías hacer? Primero es importante crear una estructura en la que incluyas a un supervisor, para que puedas dedicarte a ser mánager. Este es el primer paso para construir una organización sustentable. Esto te permite distanciarte un poco de tus empleados teniendo a alguien que es responsable de que las operaciones se desenvuelvan efectivamente. Asegúrate de que sea alguien en quien puedas confiar. Sin esto, es casi imposible que puedas estar apartado de tu negocio sin preocupaciones o miedos de un descenso de tus ingresos y rentabilidad ¡o de perder dinero!

"Contrata, entrena y empodera a un supervisor: No micro manejes"

Solo tener al supervisor no es suficiente. Este necesita ser entrenado y empoderado para que pueda hacer su trabajo bien. El entrenamiento no es tan difícil, pero el empoderamiento puede llegar a ser verdaderamente desafiante para el emprendedor que está acostumbrado al micro manejo. Crear la estructura correcta y los sistemas adecuados puede proveer la necesaria información a los dueños de negocio sobre lo que está sucediendo en las operaciones sin necesidad de perder tiempo en el micro manejo. El rol de un mánager consiste en trabajar directamente con los supervisores en lugar de con los empleados. El manejo de equipo se hace extremadamente difícil cuando has estado trabajando codo a codo con los empleados y ellos están acostumbrados a dirigirse directamente a ti. Resulta esencial mantener y respetar la cadena de mando para que los supervisores puedan hacer el trabajo. Por ejemplo, en el ejército, siempre es el sargento el que toma las ordenes de un oficial y las transmite a la tropa asegurándose de que sean cumplidas. Los oficiales están por encima de la refriega en tanto que su rol es dar el ejemplo, liderar y comunicar. Es mucho más fácil que todos hagan su trabajo efectivamente si existe esta separación.

El manejo de empleados es mucho más difícil sin el correcto sistema aplicado que les ayude a ellos a conocer tus expectativas y así tomar iniciativa en la ejecución de sus trabajos. Cuando esto no está bien logrado, los empleados pueden fácilmente perder la concentración y el compromiso, al haber confusión acerca de lo que deberían hacer. Crear la estructura, los procesos y los sistemas para tu negocio no es un trabajo necesariamente rápido ni fácil. Sin embargo, resulta ser esencial, lógico y extremadamente efectivo.

Primero, empieza creando una estructura. Segundo, formaliza los procesos. Debes tener procesos específicos y un sistema consistente en la entrega de tus productos y servicios. También necesitas tener procesos para el mantenimiento de tus registros, tus ventas y marketing, operaciones y funciones administrativas. Por ejemplo, los procesos de marketing pueden incluir cómo tus empleados contestan el teléfono, la información que solicitan al cliente y como es distribuida y usada dentro de la organización. Los procesos operativos pueden incluir cómo creas tu producto y cómo lo entregas, cómo es distribuido y suministrado al consumidor y cómo mantienes seguimiento de tu inventario. Para negocios de servicio, esto puede incluir el proceso de entrega del servicio que estas ofreciendo, dónde es proveído y cómo es desarrollado. No olvides tus procesos administrativos, que incluyen cuáles registros se preservan y de qué manera, cómo se integra a los nuevos empleados y cuál es el cumplimiento normativo.

Cada función del negocio tiene diversos y numerosos procesos que son usados para alcanzar los objetivos. Los sistemas son la combinación de determinados procesos dentro de un área específica o entre diferentes áreas que deben trabajar complementariamente para alcanzar los resultados deseados, además de producir retroalimentación y recaudar información que pueda ser usada en la optimización del mismo negocio.

Por ejemplo, cuando haces una llamada telefónica a cualquier compañía consolidada, te darás cuenta de que sin importar quien conteste el teléfono obtendrás siempre las mismas preguntas e iguales respuestas. Esto no es un accidente. Es un procedimiento formalizado que fue desarrollado por la marca de la compañía en procesos de ventas. Seguro que alguna vez has estado en McDonald´s y has visto cuán rápido todos pueden atender tu orden de principio a fin. Cuando te acercas a la cajera, siempre te reciben en una forma parecida y todos los empleados visten uniformes azules o marrones con la insignia de la compañía. También tratarán siempre de venderte por arriba, ofreciéndote patatas fritas, alguna otra bebida o aumentar la ración. Estos son ejemplos de los procesos de marketing de McDonald´s. También notarás que cada vez que ordenas algo, obtendrás un resultado consistente. Esto es así porque hay procesos operativos específicos que la compañía tiene para producir tu orden. Tienen en cuenta incluso cuántos pepinillos te servirán y cómo estarán distribuidos en la hamburguesa. Otros ejemplos de sus procesos administrativos pueden ser cómo reciben la orden, cómo entregan el recibo y cómo preservan la grabación del registro para análisis y gerencia.

El primer paso consiste en establecer una carta organizacional que muestre los diversos roles que estás planeando tener en la organización por los próximos años. Luego, es importante indicar quién está haciendo ese trabajo actualmente para cada uno de esos roles. La responsabilidad puede ser compartida por múltiples personas; algunos empleados podrían tener más de una posición y algunos roles podrían quedar vacantes de momento. Para que esto funcione, debe existir un plan de crecimiento de la organización, pues el crecimiento trae oportunidades, emoción y compromiso. El próximo paso es desarrollar una ruta en el incremento de la responsabilidad y la posición dentro de la compañía, en lugar de establecer puestos muertos.

Desarrollar procesos es formalizar y estandarizar cómo las cosas deben ser hechas en detalle - definitivamente no se trata de ciencia espacial. Los sistemas deben ser creados para ayudar a los procesos a trabajar complementariamente de forma efectiva y eficiente, basándose en la retroalimentación y la información proveniente de diferentes fuentes a lo largo de la compañía. Debes crear una estructura organizacional antes de crear los procesos y debes tener los procesos listos antes de operar los sistemas.

De acuerdo con Michael Gerber en *El Mito del Emprendedor Dominado*, si el negocio ha de prosperar, debe moverse más allá del fundador: un negocio que es completamente dependiente de las habilidades de su fundador no es realmente un negocio, sino más bien un gravoso trabajo para el mismo fundador. Cada vez que éste se enferma, se toma unas vacaciones o está ausente, el negocio también se detiene.

La fase tres de los negocios es aquella donde el fundador ha creado un sistema en el que el negocio puede operar por sí mismo sin su constante presencia. El libro describe esto como el "Prototipo de Franquicia". Esto no necesariamente significa que intentarás crear una franquicia sino más bien que aplicarás la misma estrategia en algunos aspectos críticos: necesitas un sistema bien documentado para manejar el negocio. En lugar de tú operar la compañía (arreglar las bicicletas, programar computadores, cocinar), dedícate a trabajar sobre el negocio. Dedica tiempo a crear un negocio que sea una entidad que pueda operar y prosperar por sí misma. En la creación de procesos y sistemas los objetivos son:

- Suministrar valor consistente a tus clientes.
- No hace falta gente brillante para hacerlos funcionar.
- Empoderar a gente ordinaria para que puedan hacer consistentemente un trabajo de alta calidad.
- Documentar todo en manuales de operaciones.
- Ser uniforme con las personas en toda la organización.

Aprende más de los temas discutidos en este capítulo y de otros cursos disponibles en la universidad Small Business Pro (www.SBProU.com).

Enseñanzas clave

1) Incorporar personas cambia tu organización y depende de ti que sea para bien o para mal

2) Manejar, contratar y tratar con gente puede ser uno de los mayores retos de un dueño de negocio.

3) Es difícil, si no imposible ser buen supervisor y mánager efectivo al mismo tiempo.

4) Como eres el propietario, tienes el control y puedes diseñar todas las reglas. Solo tú tienes las herramientas para crear una situación mejor.

5) Crear la estructura, los procesos y los sistemas del negocio no es un trabajo fácil ni rápido.

6) Debes crear una estructura organizacional antes de tener procesos y debes tener procesos antes de desarrollar los sistemas.

Capítulo 6 - ¿Puedo tener mi antiguo trabajo de vuelta?

Tener un negocio no es para débiles de corazón y es mucho más que tener un simple empleo. En los negocios, estás asumiendo mucho riesgo personal y eres el último en ser pagado - si es que queda algún dinero. A veces debes sacar de tu propio bolsillo para sustentar al negocio en sus necesidades críticas, solo para mantenerlo a flote. Con frecuencia pareciera que el césped es más verde en el patio de los demás que en el tuyo. De vez en cuando debes perder mucho más que solo el sueño. Entonces ¿por qué razón querrías involucrarte en los negocios?

Se requiere un tipo muy especial de persona para querer fundar y operar un negocio. Si eres uno de ellos, probablemente sepas que los emprendedores prosperan ante el desafío. Sin embargo, no importa que tan bien encajen tu temperamento y tu personalidad para ser dueño de negocio, pues hay algunos días realmente oscuros donde considerarás retomar la ruta segura de tu empleo anterior. Además, muchas veces los propietarios llegan a un punto donde su negocio ya no es viable y necesitan encontrar un trabajo y reagruparse.

Cuando estás empezando un negocio, puede llegar a ser muy desafiante que haya tanto trabajo por hacer y nunca suficiente dinero - o tiempo, según el caso. Se siente como si estuvieras dándole vueltas al reloj y ni siquiera haciendo un centavo. Esto puede ser estresante y descorazonador para cualquiera. Muy a menudo, los emprendedores renuncian a sus sueños o piensan seriamente sobre ello. Dato real: incluso después de que tu negocio se haya levantado, probablemente seguirás trabajando más duro que al principio y haciendo menos dinero del esperado. Esto también puede ser una situación problemática, especialmente cuando no te puedes costear cosas que antes si podías. Es entonces, cuando muchos emprendedores piensan en renunciar. Si tú eres emprendedor y has llegado a esta dura etapa, seguramente hubo algún momento en el que consideraste tirar la toalla. Sin embargo, una vez que pruebes la fruta prohibida - experimentar la libertad, la creatividad y el control de tener tu propio negocio, es difícil renunciar a la aventura. Esta es la razón por la que muchos emprendedores terminan vendiendo sus negocios para luego empezar otro nuevo, en lugar de volver a su antiguo empleo.

Aun cuando tu negocio crezca y empieces a hacer algo de dinero, todavía puede resultar muy estresante, ya sea por problemas de flujo de efectivo u otros desafíos. Uno de los peores retos es que no estés disfrutando lo que haces, pues deberás dedicar muchísimo tiempo a trabajar en tu negocio. Me he encontrado con muchos emprendedores que en algún punto de esta fase han considerado retroceder y buscar empleo.

Por ejemplo, una de mis clientas, Briana Evans, dueña de Speech Quest, se dedica a hacer terapia del lenguaje enfocada a niños con autismo. Ella tiene una gran pasión por ayudar a niños en edad escolar a través de adultos jóvenes. Su experiencia trabajando en escuelas básicas en Brooklyn y Queens, así como en escuelas secundarias en el Bronx, encendió su deseo por ayudar a niños con dificultades de habla y lectura. Inicialmente, estaba trabajando en una habitación trasera dentro de Gymboree, junto con un empleado a tiempo parcial. Su mayor desafío era conseguir suficientes clientes para mantenerse ella y a su empleado ocupados, pues para entonces estaba haciendo muy poco dinero. En cierto punto, ella pensaba en retirarse casi cada día. Enfocamos sus sesiones en desarrollar sus habilidades de marketing y ventas, desplegando una estrategia de marketing y diseñando ideas basadas en lo expuesto en el Capítulo 2. Después de un corto tiempo, sus esfuerzos de marketing rindieron sus frutos aumentando significativamente el número de clientes como para contratar a un segundo empleado a medio tiempo. Esto le permitió sentir un gran alivio respecto a su situación anterior y disfrutar su negocio considerablemente más. Ahora solo pensaba en renunciar solo una vez a la semana, ¡una señal de clara mejoría!

Esta situación vino con un nuevo reto, pues ahora Briana difícilmente podía manejar todos los clientes por sí misma, y este estrés la llevó a disfrutar muy poco de la terapia con sus pacientes. Nuevamente volvió a pensar en renunciar a diario. Desde aquí enfocamos nuestras sesiones en organizar su crecimiento y su uso del tiempo de gestión. Luego ella encontró un nuevo lugar donde tendría su propio espacio; un subalquiler con mayor espacio y mejor acceso para ella y sus clientes. Esto la emocionó muchísimo, pues ahora sería capaz de diseñar y crear su propio ambiente. Fue la chispa que encendió su creatividad para decorarlo con su visión personal del negocio. También con él podría dirigir dos sesiones de terapia al mismo tiempo e instalar además su propia oficina administrativa. Una vez más esto cambió su perspectiva y redujo significativamente la frecuencia con la que Briana pensaba en renunciar.

En este punto, nuestra emprendedora estaba haciendo más dinero y todo parecía ir realmente bien. Mas tarde, sus esfuerzos de marketing siguieron trayendo más clientes permitiéndole contratar a otro terapeuta adicional. Esto fue bueno y malo a la vez. Era bueno porque el negocio iba a mejor produciendo más dinero que antes, pero también malo porque sus responsabilidades de manejo aumentaron significativamente junto con el papeleo de compañías de seguro y demás. Esto empeoraba las cosas por el hecho de que a ella no le agradaba en absoluto hacer trabajo administrativo y de manejo de personal. Eventualmente, Briana encontró una asistente virtual que tomó el control de agendas y papeleos a un costo muy razonable. Esta fue su liberación para enfocarse en lo que realmente amaba hacer. En este punto, ella empezó a disfrutar su negocio y a pensar en renunciar solo una vez al mes ¡una mejoría notable!

"Pensar en renunciar es normal, pero renunciar es muy raro"

A medida que su negocio continuó creciendo, surgió la oportunidad de rentar todo el piso que ella estaba subalquilando. Esto le dio suficiente espacio para trabajar con tres clientes adicionales simultáneamente. Y una vez más le permitió desplegar su creatividad en la decoración del resto de las habitaciones en la forma en que siempre las imaginó. Además, fue capaz de contratar más personal y programar su tiempo de la forma en que quisiera. Su nuevo desafío consistía ahora en saber delegar sus clientes a sus terapeutas, pues los padres siempre querían que ella trabajara personalmente con sus niños. Su negocio continuó expandiéndose, y Briana encontró nuevas formas de superar este reto. Ahora estaba pasando por un periodo de gran disfrute de su negocio, pensando rara vez en renunciar. Por supuesto, nada dura para siempre y los nuevos desafíos que saldrían a la superficie le harían retomar sus ideas de abandonar más a menudo. Como puedes ver, los emprendedores pasan por diferentes fases en las que siempre hay nuevos retos y desafíos a superar. Verse frente a estos obstáculos puede hacerte pensar en la posibilidad de volver a tu vida anterior que era más simple o sencillamente buscarte un trabajo más tranquilo. Sin embargo, si eres un verdadero emprendedor, dar la vuelta y retomar un trabajo regular de 9 a 5 se vuelve algo casi imposible, aun cuando pareciera ser mejor opción. Cuando estaba en la Marina, decían que un marinero quejumbroso es un marinero feliz, lo cual me parece cierto para emprendedores también. Entonces, pensar en renuncia es normal, pero hacerlo es muy raro.

Para empezar, piensa porqué decidiste involucrarte en los negocios. Las personas dejan a personas, en lugar de dejar a compañías. (¿recuerdas a tu antiguo jefe?) Esa también podría ser la razón del cambio. Cuando las personas inician negocios, muchas veces no se dan cuenta del nivel de riesgo que están tomando ni del grado de compromiso que deben tener. Cuando tienes un negocio, no es tan fácil como levantarse y renunciar, o dar notificaciones de lo que quieres, pues la vida de tu negocio está entrelazada con tu vida personal. Tener un negocio es como ir a la guerra; y para ser exitoso en la guerra, siempre debes empujar hacia adelante sin importar que obstáculo esté frente a ti. Piensa en ello como llegar a las playas de tu enemigo y quemar los barcos. No hay vuelta atrás. La única vía para llegar a casa está en luchar contra cada desafío para lograr la supervivencia. Tener un negocio es también como criar un hijo. Él se adueñará de tu vida y será parte de tu identidad. Aunque muchas personas piensan que pueden tener otras prioridades, es extremadamente difícil que lo logres mientras tienes un negocio al menos hasta que llegues a la Fase 3, cuando todo camina suavemente y tú estás trabajando **EN EL FUTURO** de tu negocio. Tener un negocio no es solo tener un compromiso personal, sino también tener un compromiso financiero - y la vida financiera tuya y de tu negocio también están entrelazadas y esto puede hacer aún más difícil que vendas o te retires de la compañía.

Por ejemplo, uno de mis clientes sentía que su negocio lo estaba saturando por el descenso de las ventas, la falta de la esperada cooperación de su socio y la poca atención que estaba poniendo en sus hijos que eran su prioridad. Como si fuera poco, estaba haciendo la mitad del dinero del que hacía antes. Desafortunadamente, había obtenido un financiamiento usando a miembros de su familia como garantes del préstamo. Peor aún, el negocio había disminuido a el punto en que el valor actual era menor a la cantidad de la deuda. Otro punto en contra: el propietario estaba en Fase 1, trabajando **DENTRO** del negocio con muy poco margen de acción y libertad. Como su consultor, tuve que dar la mala noticia de que el negocio no se podría ni vender ni cerrar en ese momento, pues arruinaría la posición financiera tanto del dueño como de su familia, cuya única intención era ayudar, pues no estaban involucrados en el negocio. Le transmití que la única salida era trabajar todavía más duro en el negocio para incrementar su ingreso y rentabilidad lo suficiente como para crear el valor que en una venta pudiera cubrir el préstamo. En todo caso, una vez que sacara el negocio adelante sería menos probable que quisiera venderlo, pues todo iría a mejor. Esta era la única salida sin producir un daño significativo en las vidas de sus familiares más cercanos y la suya propia. Era una píldora difícil de tragar y tomó al menos un par de semanas hasta que el propietario aceptara y abrazara la situación.

En algunos casos, hace sentido recomendar al dueño que transforme su negocio en un trabajo de medio tiempo y busque un empleo externo. ¿Cuál sería tal? Número uno, su modelo de negocio no es viable y se necesita reunir más dinero para posicionarse e intentarlo luego. Número dos, su situación personal puede haber cambiado y puede que no tenga tiempo para dedicarse al emprendimiento o que su situación financiera sea tan precaria que lo mejor sea esperar, pues el negocio no lo puede ayudar a corto plazo. También he increpado a las personas que no están a la altura del desafío en ese momento a considerar si debieran o no deberían moverse hacia adelante con su negocio. No obstante, la situación más difícil es cuando estoy trabajando con alguien quien realmente ama su compañía, pero está descapitalizado y su posición crediticia no le permite lograr algún tipo de sostenibilidad. En este caso, estos deben encontrar un trabajo de tiempo completo o medio tiempo, ganar algo de dinero y continuar hacia adelante.

En la otra cara de la moneda, he trabajado con mucha gente que quiere empezar un negocio o ya tienen un negocio de medio tiempo y quieren llevarlo a tiempo completo. Me gusta trabajar especialmente con ellos, pues tienen tiempo para planear y posicionarse sin el estrés de su negocio necesitando dinero de inmediato. Así puedo tener el mayor impacto al trabajar con ellos en sus planes y sus estrategias, asegurándonos de la viabilidad del negocio antes de zambullirse. Segundo, podemos descifrar sus costos de arranque y costos fijos por adelantado, esclareciendo si hay suficiente capital para implementar el plan y lograr el éxito. Esto es clave, especialmente porque muchos negocios empiezan subcapitalizados, lo que es muy difícil si no imposible de superar. Teniendo un buen plan y suficiente capital para implementarlo, aumentarás significativamente tu potencial para el éxito, ampliándolo progresivamente con el tiempo y la correcta ejecución. Muchas veces es mejor decisión mantener tu trabajo, desarrollar el plan de negocio medio tiempo y seguir reuniendo dinero para implementarlo. Siempre es mejor ya tener clientes e ingresos antes de entrar a tiempo completo en el negocio. De otra forma, tomará varios meses, si no, es más, antes de que tu compañía produzca lo suficiente para cubrir tus propios gastos. También es mejor usar la mayor cantidad de tu propio dinero, pues toma tiempo y esfuerzo lograr financiación externa y siempre hay un costo adicional al usar este tipo de recursos. Además, no tendrás que estar haciendo pagos de préstamo, lo que reduciría tu flujo de efectivo y haría tu situación más riesgosa. Sin embargo, a veces "tienes que hacer lo que tienes que hacer".

De ejemplo tomemos el caso de Kimberly Sumpter, dueña de Wax Kandy Candles, una de las clientas con las que trabajé como coach y consultor. Ella se especializa en velas perfumadas y personalizadas. Como la principal fabricante del sector, su objetivo estaba en producir velas de fragancia bellamente confeccionadas, poniendo atención en los detalles y en las peticiones de sus clientes. Ellos vierten cada vela a mano usando cera de calidad premium, aceites esenciales y fragancias.

Kimberly estaba trabajando para ese tiempo en otro empleo a tiempo completo, mientras su negocio a medio tiempo prosperaba. Cuando la conocí, estaba interesa en hacer la transición a su negocio a tiempo completo. Hablamos al respecto e hicimos una lista de pros y contras en cada posible escenario. Le hice plasmar la idea en un modelo Excel para comparar el impacto financiero de cada opción que incluía costos de arranque, proyección de costos fijos y gastos personales. Cuando Kimberly determinó cuánto dinero su negocio tendría que generar para reemplazar lo que actualmente estaba ganando, se dio cuenta de que en realidad le tomaría un buen rato dar el salto. Esto ni siquiera incluía las cuentas de sus beneficios de salud. Sin ninguna sorpresa, Kimberly decidió continuar trabajando en su empleo para mantener sus finanzas personales y ahorrar dinero adicional para cuando estuviera realmente lista para involucrarse a tiempo completo en su negocio. Ella también contrató a un empleado a medio tiempo que la ayudo a seguir expandiendo su pequeña empresa al tiempo que mantenía su empleo regular. Como resultado, obtuvo mayores ahorros, gastos personales menores e ingresos más altos. Todas estas fueron mejores ventajas, para cuando ella decidiera emprender de lleno a tiempo completo.

Aprende más de los temas discutidos en este capítulo y de otros cursos disponibles en la universidad Small Business Pro (www.SBProU.com)

Enseñanzas clave

1) En los negocios, estas asumiendo un gran riesgo personal. Además, serás el último en ser pagado, si es que queda algún dinero.

2) Como dueño de negocio deberás trabajar más duro y tal vez ganar menos dinero que antes.

3) No es tan fácil como levantarse y renunciar. Tu vida y la de tu negocio están entrelazadas social y financieramente.

4) Tener un negocio es como criar a un hijo. Se adueñará de tu vida y será parte de tu identidad.

Capítulo 7 - ¿Cómo lograré retirarme?

¿Cómo lograré retirarme?

Como dice el gran Steven Covey, autor de *Los 7 Hábitos de la Genta Altamente Efectiva:* "*Lo que sea que hagas, es importante que tengas el final en mente. Cuando estás empezando un negocio, ya deberías estar pensando en tu estrategia de salida*", o en las palabras de Michael Gerber en *Mito del Emprendedor Dominado: "Uno de los trabajos del emprendedor es descifrar cómo __saldrá__ del negocio".* Por supuesto, esa debería ser la forma correcta de involucrarse, aunque muy pocos dueños de pequeño negocio lo ejecutan así. La mayoría sufren de corta visión. Sus planes de retiro no son tomados en cuenta hasta que ya es casi demasiado tarde. Algo que es cierto para la población en general, puede resultar aún más vigente para emprendedores. Como dueño de negocio eres 100% responsable de diseñar e implementar una estrategia de retiro. Muchos emprendedores con los que he trabajado no empiezan a pensar en esto hasta que ya tienen 50 años, lo cual resulta ser muy tarde. Además, estos tienen la percepción errónea de que su negocio puede ser vendido por mucho dinero. Entraremos en materia más adelante. Primero hablemos de las cosas que pueden ser hechas para preparar un retiro efectivo.

"Obtén una póliza de seguro permanente de vida tan pronto como sea posible"

Primero y más importante, necesitas conseguir una póliza de seguro permanente de vida tan pronto como sea posible. Seguros de vida permanentes, como vida entera, vida universal o vida variable generan valor de efectivo y proveen un beneficio permanente para tu familia en caso de muerte. Por otro lado, los seguros de vida con término no generan ningún valor y expiran, empujándote a comprar un seguro adicional a un precio mayor que el anterior. La compensación se refiere a que en el seguro de vida entera las primas cuestan generalmente el doble que las primas de vida de término para una edad dada. Sin embargo, el valor en efectivo de los seguros de vida es usualmente mejor elección a menos que tengas 50 años o más. Esto también es una inversión para tu negocio, pues los prestamistas requieren que tengas un seguro de vida suficiente para cubrir el préstamo como una condición del financiamiento. Los ingresos obtenidos del seguro de vida no son gravados por impuestos. Ten eso en mente en el momento de decidir cuál comprar.

Segundo, aunque no debería estar diciendo esto, debes estar pagando tu Seguro Social para asegurar que podrás sacar ventaja de este beneficio. Para hacer esto, debes pagarte a ti mismo como empleado y/o mostrar un ingreso de tu negocio en la mayoría de los años. Pagar el Seguro Social también te ayudará a asegurarte contra incapacidad a largo plazo. Adicionalmente, también va a suministrar un beneficio de supervivencia para tus dependientes.

Tercero, debes organizar algún tipo de plan de retiro calificado, para que puedas guardar dinero para la jubilación sobre una base de impuestos diferido. Esto puede tomar la forma de un 401K o de un plan de participación de ganancias dentro del negocio y un IRA tradicional o una anualidad en una base personal.

Debes tener un seguro de incapacidad. La mayoría de los emprendedores nunca piensan realmente sobre el riesgo y las consecuencias de caer en incapacidad, aun cuando puede ser un acontecimiento muy común. Sin seguro, podrías no tener el ingreso suficiente para mantenerte a ti y menos a tu negocio, deberás entonces convertirte en incapacitado, lo que puede resultar en la perdida de tu mayor activo.

Un factor extremadamente importante, del que puedes perder control, es el matrimonio. Como sabes, un divorcio puede ser muy caro desde una perspectiva personal, profesional, emocional y financiera.

Rossane DeTorres, Esq., de la firma DeTorres&DeGeorge, aconseja lo siguiente para aquellos dueños de negocio que están enfrentando un divorcio:

"Protege tus intereses con un acuerdo prematrimonial. Has una lista de tus activos preexistentes al negocio y establece que tu prometido renuncie a cualquier reclamo sobre la propiedad del negocio en el futuro. Evalúa y documenta el nivel de participación de tu prometido en el negocio. Un prometido que carece de participación en el negocio carece de derechos en el valor del mismo."

También sugiere lo siguiente:

- Revisa tus opciones de establecer un acuerdo de compraventa, corporación, LLC o fideicomiso para restringir propiedad o transferencia de propiedad. Revisa tu acuerdo de asociación para requerir que los otros socios tengan la opción de comprar la parte del socio en divorcio y su cónyuge.

- Establece, financia y maneja cuidadosamente tu negocio con activos separados. Evita mezclar activos de negocio con activos personales y cuentas de negocio con cuentas personales. Págate a ti mismo un salario con base en el mercado.

- Si el negocio está en disputa en el divorcio, debe ser establecido un valor para él. Acuerda un número aceptable para ambas partes, luego considera como repartirlo con tu cónyuge, ya sea en un pago en efectivo, por una compensación a otros activos a renunciar o con pagos a plazos.

El acuerdo financiero no solo afectará tu jubilación, sino también a tu negocio que se verá recortado en gastos por un buen tiempo. Peor aún, el divorcio podría resultar en la venta de tu negocio o en la perdida de la propiedad en favor de tu cónyuge, lo que pone una tremenda traba en tu potencial de ingreso. La letra de aquella vieja canción de Johnnie Taylor lo dice todo, "Es más barato quedarte con él" (o con ella).

Por último, pero definitivamente no menos importante: es esencial que maximices el valor del negocio y desarrolles una estrategia o estrategias de salida viables. Tu estrategia de salida podría ser cualquiera de las siguientes, ya sea individualmente o en conjunto:

- Venderle el negocio a un socio, un competidor o un inversor.
- Hacerlo público.
- Desarrollar el negocio a un punto en el que pueda operar independientemente de ti.
- Pasar el negocio a una siguiente generación.
- Hacer una fusión o adquisición.
- Transferir la propiedad del negocio a algún empleado.
- Franquiciar o licenciar el negocio.

Un consejero financiero una vez me pidió que avaluara el negocio de un doctor de 65 años que estaba trabajando en su plan de retiro. El doctor estaba buscando vender su negocio rápidamente para retirarse pronto debido a la edad y problemas de salud. Tenía pocos ahorros y no mucho patrimonio de su propia casa y esperaba obtener las ganancias suficientes para sostenerse. Aunque esperaba cerrar en 1 millón de dólares, mi avalúo estaba por debajo de los 100.000USD. ¿Porqué? En tanto que él era el único doctor, las únicas cosas de valor eran la lista de clientes, el equipo usado y el contrato de arrendamiento. Es decir, sin él, el negocio tenía un valor mínimo. Eventualmente, fue capaz de vender por un poco más de 100k$, pero tuvo que quedarse y trabajar a medio tiempo por tres años más. Definitivamente, no era el plan de retiro que esperaba.

"El desarrollo de una marca personal fuerte y reconocible impulsa la reproducción del negocio"

Independientemente de cuál sea tu estrategia de salida, tu meta debe ser maximizar el valor de tu negocio. Muchas veces, los emprendedores y dueños de negocio sobrestiman el valor de sus compañías. Esto puede ser por varias razones. A continuación, algunos consejos para evitar el error:

- Abandona el apego emocional por tu negocio
- Entiende cómo opera un avalúo de empresa,
- Desarrolla relaciones con potenciales compradores a través del tiempo
- Organiza el negocio para que pueda andar sin ti
- Demuestra ingreso y rentabilidad
- Crece y/o sé capaz de escalar
- Compra activos sólidos como bienes raíces
- Desarrolla una marca personal fuerte y reconocible que impulse la reproducción del negocio.

Enfocarse en estos elementos es realmente de lo que se trata desarrollar tu emprendimiento como un profesional. Nuestras metodologías están enfocadas en ayudar a los emprendedores y dueños de pequeño negocio a maximizar el valor de su empresa mediante el desarrollo del modelo más exitoso posible. Todo empieza con una evaluación externa precisa y una puntuación de valoración, para que puedas entender dónde estás. Desde ese punto, debes tener una visión clara respecto a lo que quieres alcanzar. Cuanto más detallada, mejor. Una vez teniendo esto, tienes los recursos necesarios para desarrollar un camino óptimo que te lleve a realizar tu visión. Luego debes trabajar en investigación y análisis que te arroje las recomendaciones de la mejor ruta para alcanzar tu meta. Tener una estrategia y un plan solo es útil si son puestos en acción. Mientras que implementas el plan, aprenderás un montón y estas enseñanzas te permitirán mejorar tu planificación y estrategia. Todo este proceso de planeación debe ser proyectado en una base anual. Ten un ciclo de retroalimentación para hacer los ajustes necesarios basados en tu experiencia real de negocio. Haciendo esto, estarás desarrollando tu negocio profesionalmente.

Es esencial que te rodees de un equipo profesional de consejeros, incluyendo un coach de negocios curtido de experiencia, un contador, un abogado y un asesor financiero, etc. Mantener buenos negocios y un buen crédito personal tendrá un impacto enorme en el valor de tu negocio.

Al igual que en los bienes raíces, solo hay tres formas reales de avaluar un negocio:

1. Por lo que alguien esté dispuesto a pagar.
2. Por su valor, en relación a negocios similares.
3. A través de análisis fundamental usando la metodología de descuento de flujo de efectivo, que consiste en proyectar el futuro flujo de efectivo del negocio y descontarlo de vuelta a la fecha presente a una tasa relativa al riesgo. Proyectar flujo de efectivo futuro puede ser difícil porque realmente nadie conoce lo que depara el futuro. Sin embargo, las predicciones pueden seguir siendo elaboradas basándose en la información disponible.

Un problema recurrente puede ser que distintos analistas pueden elaborar diferentes proyecciones basadas en la misma información. La parte difícil está en descifrar la tasa de riesgo correcta usada para descontar el flujo de efectivo hacia atrás hasta el valor presente. El riesgo financiero está basado en la viabilidad del retorno, de modo que los negocios que tengan flujo de efectivo que fluctúen en rangos muy anchos son más riesgosos que aquellos que tengan un margen más estrecho. Los inversores requieren altas tasas de retorno en negocios de mayor riesgo. Una tasa alta de retorno requerida disminuye el valor presente a través del proceso de descuento.

Esta es la razón por la que obtienes solo el 1% del retorno en tu cuenta bancaria, porque hay cero riesgos de que no tengas el dinero de vuelta. El descuento en el flujo de efectivo es lo opuesto de la apreciación o el interés de ganancia de una inversión. Por ejemplo, si el banco te presta 100 dólares a un 10% de interés, te va a exigir 110 dólares para el final del año. Esto es apreciación. Ahora bien, descuento es cuánto dinero un inversor está dispuesto a entregarte hoy por un pago de 110$ al final del año. Si el inversor espera una tasa de retorno del 10%, estará por lo tanto dispuesto a hacerte un préstamo de 100$. Si, por otra parte, si te juzga muy riesgoso, podría pedirte una tasa de retorno del 15%, lo que resultaría en un valor presente de 95$ tomando en cuenta el retorno adicional requerido para que te presten el dinero. Los inversores demandan tasas de retorno incluso más alta para acciones por el alto riesgo que implican. El avalúo patrimonial es más un arte que una ciencia, porque combina análisis tanto cuantitativo como cualitativo. Expresándolo simple, el valor de los pequeños negocios está generalmente entre 2 y 4 veces su rentabilidad más los activos comercializables menos los pasivos. Por lo general, no es necesario gastar dinero en un avalúo profesional a menos que sea requerido por un prestamista o inversor.

No hace mucho me encontré con el Sistema Generador de Valor (Value Builder System), el cual es un sistema probado estadísticamente para construir valor en tu compañía. Al principio, estaba escéptico, pero cuanto más aprendía al respecto, más me gustaba. Tanto así, que pronto me convertí en Asesor de Value Builder. El análisis empieza con un cuestionario que es usado para determinar tu puntuación de valor sobre una escala de 100. Las compañías con 80 puntos o más generalmente obtienen ofertas que son en un 71% más altas que en las compañías con puntuaciones promedio.

El Sistema Generador de Valor fue diseñado por John Warrilow, autor del bestseller internacional *Built to Sell: Creating A Business That Can Thrive Without You*. Te recomiendo con urgencia que le eches un vistazo y aprendas más acerca de cómo maximizar el valor de tu negocio. El sistema se enfoca en ayudar a concentrarte en mejorar tu puntuación en cada uno de los 8 indicadores de valor clave para tu negocio.

Aprende más de los temas discutidos en este capítulo, de mi libro *Exit Your Business More Profitably: The Keys to Effective Succession Planning*, y otros cursos disponibles en la universidad Small Business Pro (www.SBProU.com).

Enseñanzas clave

1) Uno de los trabajos del emprendedor está en descifrar cómo salirse del negocio.

2) Como dueño de negocio, eres 100% responsable del desarrollo e implementación de la estrategia de retiro.

3) Prepárate para el retiro temprano, comprando un seguro de vida permanente, pagando los impuestos del Seguro Social, organizando un plan de retiro, obteniendo un seguro de incapacidad y quedándote casado.

4) Enfócate en maximizar el valor de tu negocio y desarrollar una o varias estrategias de salida viables. Empieza al menos 5 años antes de querer vender.

5) La rentabilidad y no las ventas determinan el valor de tu compañía. Un rango que va de 2 a 4 veces la rentabilidad más los activos menos los pasivos provee una indicación de valor general.

6) Obtén una puntuación del Generador de Valor para ver cómo tu compañía se posiciona en cada uno de los 8 indicadores de valor. Visita www.SBProValueBuilder.com

Sección II
¡Esta es la forma de lograrlo!

Capítulo 8 - Desarrolla tu negocio como un profesional

En los pequeños negocios, hay un sendero crítico que debe ser seguido para alcanzar el éxito. Ha funcionado en negocios de todo tipo de industria y de muy diferentes tamaños. Es un camino duro y pedregoso que te llevara de trabajar **DENTRO** de tu negocio a trabajar **SOBRE** tu negocio, para finalmente llegar a trabajar **EN EL FUTURO** de tu negocio.

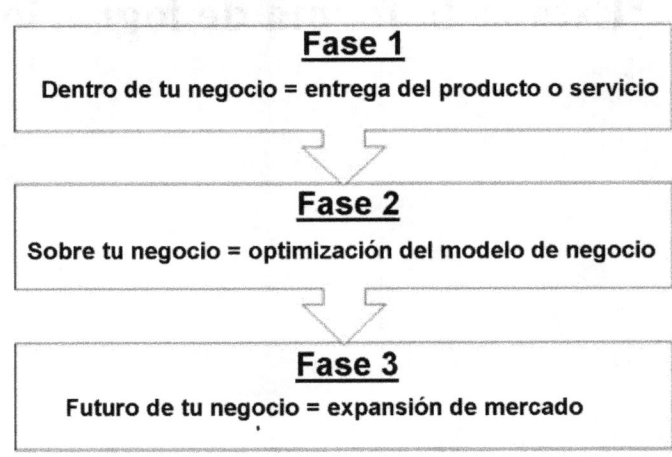

Ahora bien, todo el mundo ha escuchado esta idea de trabajar **SOBRE** el negocio en lugar de trabajar **DENTRO** de él. Sin embargo, desafortunadamente la mayoría de los propietarios de pequeños negocios nunca llegan a un punto en el que estén trabajando sobre la compañía. Esto no se debe necesariamente a una falta de interés en ello, sino a falta de orientación, conocimiento y apoyo - además de la falta de enfoque y de los recursos necesarios. Un gran problema reside en que no hay un claro entendimiento del criterio especifico y las metas implícitas en las transiciones de fase a fase.

Trabajar **EN EL FUTURO** del negocio es un concepto nuevo que introducimos como tercera fase cuando la compañía está preparada para un crecimiento explosivo. Como emprendedor, puede ser desafiante por la cantidad de diferentes habilidades y capacidades que son requeridos en esta transición de una fase a otra; cosa que no puede ser lograda sin grandes cantidades de aprendizaje, experimentación, entrenamiento y recursos externos, como la consultoría.

Entonces, si vas a desarrollar tu emprendimiento como un profesional debes estar preparado para evolucionar y para hacer evolucionar a tu negocio. Es totalmente correcto y a veces mejor traer gestión profesional para dirigir la empresa, en lugar que el propietario se encargue por sí mismo del asunto. Un ejemplo clásico de esto es Apple® y Steve Jobs, quien fue despedido de su propia compañía porque no estaba preparado ni capacitado para cambiar al ritmo que la empresa lo estaba haciendo en ese momento. Aun así, él fue capaz de volver y hacer sus mayores contribuciones. Piénsalo bien. Apple no sería Apple si esto no hubiera sucedido.

Como mencionamos en el prefacio, la clave de desarrollar un negocio exitoso está en tomar buenas decisiones de negocio. La habilidad para tomar estas buenas decisiones viene de la experiencia ganada, la planificación apropiada, el buen consejo profesional y el incremento de tu conocimiento de los negocios en general y en particular. El capítulo anterior se enfocó en el aprendizaje por experiencia, ayudándote a entender los desafíos clave que un negocio enfrenta y ofreciéndote consejo como si fueses uno de mis clientes de coaching. Sin embargo, la decisión más importante que puedes tomar para asegurar tu éxito a largo plazo está en juntar y organizar un comprensible proceso de planeación que incorpore el conocimiento ganado de tu propia experiencia, educación y experticia.

Dicho esto, profundicemos un poco más. ¿Qué significa realmente planear? Las personas lo asumen de diferentes maneras, pero con propósitos enfocados a pequeños negocios, es importante centrarse en un proceso bien definido con algunos pasos clave. Mi Metodología Small Business Pro (SBPro) es un proceso de tres pasos que te ayudará a elaborar un plan de acción que impulse tu negocio hacia adelante. Este proceso puede ser aplicado desde cualquier punto en el que te encuentres en el desarrollo de la compañía, delineando los próximos pasos hacia la realización de tus metas. Es un proceso holístico que incorpora todas las facetas de tu negocio, esto es, marketing y ventas, operaciones, administración, etc., considerando cómo los cambios en un área pueden afectar a las demás. Por ejemplo, si piensas incrementar tus inversiones de marketing a 5000USD, plantea antes también las siguientes preguntas:

- ¿Cuánto necesitas para aumentar las ventas y que sea una buena inversión de los fondos limitados?
- ¿Cuánto en ventas adicionales y cuántos clientes extras esperas lograr con esta inversión?
- ¿Es suficiente para que valga la pena?
- ¿Este marketing es consistente con tu estrategia de marketing de amplio alcance?
- ¿Cómo esto contribuirá al valor futuro de la compañía?

Si vas un paso adelante, cuando este esfuerzo de marketing incremente la atención en tu producto ¿tendrás suficiente inventario para satisfacer la demanda?, ¿no sería genial conocer estos datos antes de hacer la inversión en marketing? Entonces tendrías a la mano la información necesaria para tomar la decisión correcta al considerar esta potencial inversión.

Una característica a tener en cuenta es que no se trata de una talla única para todos, sino más bien de un plan personalizado que se ajusta a la posición actual de tu negocio. Se enfoca en desarrollar un sendero para alcanzar tus metas. En este sentido, te permite hacer continuamente mejoras, en oposición a tratar de alcanzar la perfección de un día para otro. En cualquier caso, necesitas asegurar que estás haciendo todo con cierto nivel de calidad.

Puedes utilizar la Metodología SBPro para incrementar tus probabilidades de éxito y mejorar el nivel de éxito que ya tienes, basándote en los siguientes tres conceptos:

1. <u>Evaluación & Previsión</u> - Paso 1: Una objetiva determinación de dónde estás situado actualmente y una clara visualización de hacia dónde te diriges. Usualmente, necesitarás un punto de vista externo o independiente para evaluar el estatus de tu negocio. También necesitarás plantillas de información como las que son presentadas en el siguiente capítulo. Estas abarcan marketing, marca personal, ventas, rendimiento financiero, efectividad operativa y eficiencia.

2. <u>Análisis & Recomendaciones</u> - Paso 2: Consiste en tomar la información que ya tienes y hacer investigación adicional para formular estrategias que te impulsen hacia tus objetivos. Harás esto investigando a tus competidores; aprendiendo quienes son, que tipo

y cómo compiten contra ti. Entenderás cómo deberías posicionarte basado en tu propuesta de valor única, descubriendo quien es el principal jugador de tu propia industria, qué tan fragmentando esta, evaluando su estatus, si está en periodo de crecimiento o de decadencia. Conocerás medidas comparativas, cambios tecnológicos. Examinarás tu objetivo de mercado a detalle; su tamaño, perfil, mejores vías para alcanzar tus prospectos. Revisarás las tendencias económicas, enfocándote en las locales; tasas de interés, costos de bienes raíces. Aprenderás cuanto sea posible sobre las mejores prácticas, estrategias probadas, sistemas probados, procesos y tácticas. Buscarás socios potenciales. Mira con quien puedes crear alianzas para expandir el marketing, busca oportunidades de colaboración, suministra soluciones más completas a tus clientes, así como mejores y más útiles productos y servicios, educación y experticia.

3. <u>Implementación & Seguimiento</u> - Paso 3: Implica poner tus planes en acción para alcanzar tus objetivos deseados y realizar los ajustes basados en los nuevos descubrimientos. Esto incluye métricas e indicadores clave que sean regularmente medidos.

La Metodología SBPro es consistente con la Fórmula Frazier para el éxito desarrollada por mi hermano Evan Frazier, en su libro *Most Likely to Succeed*. La fórmula es: Visión por Plan por Actitud a la AC potencia [Actitud Correcta] igual a éxito.

$$E = V \times P \times A^{(AC)}$$

Cada uno de estos componentes es importante, pues tener cero en alguno siempre resultará en cero éxitos (cualquier número multiplicado por cero es igual a cero). También demuestra que tu actitud es el factor que mayor impacto tiene en el éxito. Fíjate como esto se alinea con la Metodología SBPro. Su visión se ajusta a la fase de Evaluación y Previsión SBPro. Nuestra fase de Análisis y Recomendación se asemeja a su plan, y la efectiva implementación y seguimiento corresponde con la correcta actitud de su fórmula.

Todo empieza con la Evaluación SBPro que delinea los 8 indicadores de éxito que deben ser empleados a través de las tres etapas del desarrollo de tu emprendimiento como un profesional.

Los indicadores de éxito miden donde se sitúa un negocio en relación con las siguientes categorías:

SBPro® Forma de Evaluación

Categoría	Área de Enfoque	Fase
Productos y Servicios		
Clientes		
Marketing		
Nomina de personal		
Estructura del negocio		
Gestión Financiera		
Tiempo de Gestión		
Tiempo Libre		
SBPro®Puntuación	**Promedio**	

Copyright©2018 Andrew Frazier Jr. All Rights Reserved

Cada indicador de éxito es medido para determinar en qué fase se encuentra la compañía. Como resultado, un negocio puede localizarse en diferentes fases a la vez. La Evaluación SBPro mide la fase actual de la empresa en cada categoría. La Metodología SBPro se enfoca en desarrollar e implementar planes para pasar al siguiente nivel en cada categoría hasta el punto en que todas ellas alcancen la Fase 3.

Para establecer continuidad, me referiré a dos ejemplos particulares a lo largo de la Sección II: Iron Strong Jewelry de Tina Tang (Véase Capítulo 2) y Exothermic de Paul Steck (Véase Capítulo 9). Estos dos negocios reúnen las siguientes características comparativas:

- Iron Strong Jewelry es un negocio de servicios y Exothermic uno de manufactura.
- Exothermic tiene empleados y Iron Strong Jewelry no.
- Exothermic es un B2B y Iron Strong Jewelry un B2C.

- Iron Strong Jewelry tiene por propietaria a una mujer y Exothermic no.
- Los ingresos de Exothermic superan el millón de dólares y los de Iron Strong Jewelry están por debajo del millón.
- Exothermic tiene una antigüedad de más de 30 años y Iron Strong Jewelry de menos de 5.

Quiero que pienses si estos negocios pueden ser similares o diferentes al tuyo. Considera y compara sus ventas y marketing, operaciones y necesidades administrativas. También prueba y aplica la metodología de 3 pasos SBPro a tu propio negocio y veamos qué resulta.

Aprende más de los temas discutidos en este capítulo, en los cursos disponibles en la universidad Small Business pro (www.SBProU.com).

Enseñanzas clave

1) Cada negocio necesita tener un proceso definido para moverse hacia adelante.

2) El sendero crítico para un viaje empresarial exitoso consiste en: trabajar **DENTRO** del negocio, luego trabajar **SOBRE** el negocio y finalmente **EN EL FUTURO** del negocio.

3) La mayoría de los pequeños propietarios no llegan a trabajar SOBRE su negocio. Esto se debe a la falta de conocimiento respecto al cómo y al porqué.

4) Necesitas evaluar el estatus actual del negocio, analizar sus necesidades para el futuro crecimiento y desarrollar e implementar un plan de crecimiento usando la Metodología SBPro.

5) Los pasos de la Metodología SBPro: Evaluación y Previsión, Análisis y Recomendaciones, Implementación y Seguimiento.

6) Considera muy seriamente si necesitas contratar consultoría externa que te ayude en el proceso.

Capítulo 9 - Paso 1: Evaluación & Previsión

De acuerdo con el autor y experto en productividad Steven Covey, en importante empezar con el final en mente. Esto también constituye un elemento crítico al ser capaz de desarrollar tu negocio como un profesional. Es imposible desarrollar un plan que aspire alcanzar cualquier objetivo si no sabes a dónde te diriges. No obstante, también es importante conocer cuál es el punto de inicio. Los fans de la Matrix recordarán la frase "TEMET NOSCE", que significa "Conócete a ti mismo" en latín. Resulta esencial realizar una concienzuda evaluación en la que muchas veces necesitarás una perspectiva externa que te suministre una imagen más precisa acerca de tu estatus actual. Esto se debe a que los propietarios de los negocios están demasiado cerca "para ver el bosque a través de los árboles", como dice el dicho. Una vez que sabes dónde estás, es importante saber a dónde quieres ir. Si no tienes un destino claro, ningún camino te llevara a salvo. Crear una visión que sea lo más detallada posible te permitirá tener una clara imagen de lo que deseas alcanzar.

Paso 1:
SBPro® Evaluación & Previsión

¿Dónde Estás?

⇩

¿A dónde vas?

Copyright©2018 Andrew Frazier Jr. All Rights Reserved

Evaluación

Saber que necesitas hacer una evaluación y saber cómo hacerla son dos cosas muy distintas. Hay muchos diferentes niveles y tipos de evaluación que pueden ser realizados. Sin embargo, para desarrollar tu negocio profesionalmente, es conveniente que empieces con la Evaluación SBPro para determinar en qué fase está tu negocio a través de la variedad de categorías. Descifrar esto proveerá un entendimiento acerca de las cosas que estás haciendo bien y de aquellas otras que necesitan mayor desarrollo. En suma, te proveerá un sendero a seguir.

Cuando completes la Evaluación SBPro, deberías obtener un desglose acerca de las cosas que ya has logrado, cuáles están en proceso y cuáles no han sido iniciadas. Desde este punto, sabrás a qué áreas específicas apuntar tus esfuerzos. Enfocarse hacia estas áreas requerirá un mayor y más detallado análisis de la información adicional acerca de tu negocio.

Iron Strong Jewelry de Tina Tang, produce joyería para mujeres que están celebrando logros en el fitness. Ella también se dedica al entrenamiento físico, aunque no se enfoque en ello desde una perspectiva de negocio. Mientras evaluábamos su situación actual para entonces, nos fijamos en el hecho de que no tenía ningún empleado y que la mayor parte de los ingresos provenían de ventas en internet, aunque no estaba claro en absoluto cómo se originaban. Tina dedicaba mucho tiempo al desarrollo de productos de muy alta calidad, aunque más costosos que la competencia. Para entonces tenía muy limitados fondos para invertir en el negocio buscando un incremento significativo de sus ingresos. Aunque Tina tenía un sitio web de *e-commerce*, necesitaba mejorar la interfaz para hacerlo más amigable al usuario y simplificar así el proceso de compra. También estaba usando publicidad pagada para atraer clientes, ignorando totalmente, sin embargo, cuál era el impacto real de estos anuncios. Además, tenía un objetivo de mercado demasiado amplio que no estaba apuntando a la gente correcta, lo que hacía imposible alcanzar efectivamente a prospectos viables considerando su limitado presupuesto. Un valioso, aunque subutilizado activo era el nombre de su compañía, Iron Strong, por el potencial que tenía para propósitos de marketing y marca personal. Mi evaluación del negocio de Tina fue la siguiente:

Categoría	Área de Enfoque	Fase
Productos y Servicios	Optimización	2
Clientes	Recurrentes y Referencias	2
Marketing	Encontrar el objetivo de mercado	1
Nómina de personal	Solo Ella	1
Estructura del Negocio	Informal y Flexible	1
Gestión Financiera	Impuestos y Cumplimiento	1
Tiempo de Gestión	Operaciones	1
Tiempo Libre	Algo	2
SBPro Puntuación	**Promedio**	**1.375**

También tuve la oportunidad de trabajar con Paul Steck, presidente de Exothermic en Kenilworth, New Jersey. Desde 1972, la compañía ha sido pionera en la industria del RIM (Moldeo por inyección- reacción). Paul compró el negocio hace 15 años. La compañía fabrica moldes de partes de plástico mediante un proceso barato, rápido, de alta tolerancia y gran precisión. RIM es un procedimiento superior en la creación de partes grandes y complejas. El personal de la compañía es experto en acabados de las piezas (lijado, pintura y ensamblaje). La compañía también centra sus competencias en el trabajo con diseñadores en la creación de moldes óptimos usados para la fabricación de las partes. Hay pocas compañías que trabajan con este método, que resulta ser el más efectivo en costos en la fabricación de partes de plástico de pequeño y mediano tamaño. Los principales clientes de Paul son las manufacturas de dispositivos médicos a los que les suministra componentes para sus productos como instrumentos electrónicos o de laboratorio. Generalmente sus lotes de producción pueden ir de una a cien piezas a la vez. Con esto él puede obtener muchos negocios recurrentes y contratos de largo plazo. Adicionalmente, la compañía se ha procurado un derecho exclusivo de manufactura y distribución de un nuevo material de plástico más ligero y fuerte que la mayoría de los metales. Esto representa una oportunidad enorme para la empresa, siempre que esté preparada y sea capaz de sacar provecho de ella.

Yo fui llamado a través de una organización conocida como New Jersey Manufacturing Experience Program (NJMEP) como CFO subcontratado para ayudar en esta transición. Paul estaba entonces muy envuelto en todas las áreas del negocio y él mismo hizo la mayoría de las cotizaciones para los nuevos negocios. Su objetivo era posicionarse a sí mismo tanto para vender como para transicionar, o simplemente para ser el dueño, pero sin tener que involucrarse directamente, esperando lograr esto en los próximos 5 años. También quería establecer nuevos Indicadores Clave de Rendimiento (KPI's) para rastrear más efectivamente su progreso y mejorar su rendimiento. Su visión consistía en que la compañía se desplazara suavemente hacia adelante sin necesidad de su presencia. Trabajamos en evaluar su situación actual para determinar el sendero óptimo que le permitiera alcanzar sus objetivos.

Inicialmente, echamos un vistazo al desafío que estaba en puertas para identificar sus necesidades. La compañía estaba atrasada en la entrega de pedidos a sus clientes y su porcentaje de puntualidad disminuía. Para ese momento, había una acumulación significativa de pedidos que debían ser producidos y enviados. Para complicar más las cosas, Paul perdió a su mánager de producción, quien había estado supervisando el proceso de manufactura. Adicionalmente, estaba teniendo problemas con su personal en cuanto a reclutamiento y retención, limitando el incremento de la productividad tan necesaria para ponerse al día. Afortunadamente, Paul tenía relaciones buenas y de largo plazo con la mayor parte de sus clientes, lo que ayudaba a reducir el impacto negativo de los retrasos. Esto le permitió trabajar con sus clientes para ajustar las fechas de entrega. Dado que su producto no es un producto básico les resultaba más difícil a sus clientes dejarlo. Paul también era dueño de sus instalaciones y tenía asimismo muchos antiguos empleados comprometidos con la compañía. Mi evaluación de la empresa de Paul fue la siguiente:

Categoría	Área de Enfoque	Fase
Productos y Servicios	Extensión de Línea & Nuevos Mercados	3
Clientes	Recurrentes y Referidos	2
Marketing	Explotación del mercado objetivo	2
Personal de Nomina	Gestión de Liderazgo	3
Estructura del Negocio	Procesos de Desarrollo	2
Gestión Financiera	Declaración financiera & Análisis	2
Tiempo de gestión	Operaciones	1
Tiempo Libre	Alguno	2
SBPro Puntuación	**Promedio**	**2.125**

Previsión

En la Biblia dice, "Sin visión, el pueblo perecerá". Esto también es cierto en relación con los negocios: sin visión fracasarás inexorablemente. Aunque este elemento es crucial y determinante, muchísimos emprendedores no lo han tomado suficientemente en cuenta. En parte esto se debe a que no saben claramente qué significa o cómo lograrlo. Para esto, creamos un modelo básico que te permitirá empezar.

Este modelo se enfoca en algunos de los elementos clave que debes incluir en tu planeación. Para hacerlo más efectivamente, es bueno tener una visión de corto plazo (un año), medio plazo (tres años) y largo plazo (cinco años) para aquello que quieres lograr. Cuando estás organizando tu visión, hay algunos componentes importantes que debes cuantificar. La primera cosa que debes considerar es el número de locaciones en las que proyectas establecerte en cada uno de estos marcos temporales, ya sean físicas o digitales. Adicionalmente, es importante pensar acerca de lo que tu estructura organizacional será y cuantos empleados planeas tener. También deberías pensar sobre cómo tu cartera de productos y servicios evolucionará. Estas son algunas mediciones operativas que puedes incluir en tu visión: cuántos clientes tendrás, cuál será el monto promedio de cada venta futura, qué porcentaje de tu negocio quieres que el mayor cliente represente, cuánta financiación esperas obtener y cuándo.

"Debes verlo antes de hacerlo"

Aclarando tus expectativas de corto, mediano y largo plazo en los términos de las categorías anteriores, se tornará mucho más fácil analizar cuáles serán los requerimientos para lograr tus objetivos. Por ejemplo, conociendo las ventas actuales y visualizando las ventas futuras, podrás proyectar cuánto necesitarás crecer cada año. Entonces será posible colectar información para desarrollar la estrategia que te impulsará hacia tu objetivo. Sea como sea, sin una visión clara no podrás disponer de la información necesaria para diseñar el plan.

¿Qué significa la previsión? Se define como la capacidad de proyectar el futuro desde el presente y ver cómo será tu negocio en el tiempo por venir. No estamos hablando aquí acerca de una declaración de visión. En lugar de eso, nos estamos enfocando en visualizar el futuro estado del negocio. Está imagen debe demostrar el nivel de éxito que estás buscando y motivarte a desearlo aún más. Debe ser tu visión personal la que debes poseer. Como cualquier otra cosa, la visión necesita ser flexible, pero no demasiado como para que pueda ser cambiada a capricho. En lugar de eso, es conveniente reevaluar tu visión cada año como parte del proceso de planificación que incorpore experiencias obtenidas del aprendizaje. Basado en las ventas reales del último año versus el plan, podrías querer incrementar o expandir tu visión, o recortarla en términos de ingresos futuros. También podrías presentar cambios en la locación de tu mercado que requieran variaciones en la estrategia o un replanteamiento de la visión. Tener claras medidas cuantitativas como parte de tu visión es muy importante. No obstante, no debes caer en el análisis-parálisis y sacrificar lo bueno por tratar de alcanzar la perfección, pues este principio es solo una guía en el que la dirección es más importante que la magnitud.

Por ejemplo, la visión de IBM ha pasado por muchas transformaciones a lo largo de los años. Al principio, ellos empezaron como International Business Machines, donde manufacturaban y vendían diferentes equipos de oficina para negocios. Luego, evolucionaron en el desarrollo de sistemas computacionales para aplicaciones empresariales. Estos computadores eran enormes maquinas que llenaban habitaciones enteras. A medida que la tecnología avanzaba y los componentes se fabricaban más baratos y pequeños, la visión de IBM dio un salto hacia los computadores personales, en donde terminaron siendo líderes de mercado. Cuando las cosas cambiaron y los computadores empezaron a volverse más bien productos básicos, IBM se visualizó a sí mismo como un proveedor de servicios, suministrando soluciones en información y tecnología a otras organizaciones en lugar de manufacturar y vender hardware.

Estos cambios en la visión, basados en sus capacidades, competencias, aprendizajes y mercado, permitieron a IBM mantenerse vigente y continuar creciendo, a diferencia de otras compañías que están limitadas por una visión más estática, como Blockbuster, Kodak y JC Penney's.

La visión original de Tina Tang era apuntar a mujeres con joyería enfocada en el fitness e incrementar ingresos (Fase 2). A través de nuestro proceso de previsión, discutimos sobre la creación de objetivos cuantitativos con relación al número de empleados futuros, ganancias esperadas y formas de fortalecer y evolucionar su marca personal. Adicionalmente, conversamos acerca de algunos nuevos productos y el potencial de combinar aún más el mundo del fitness con el de la joyería bajo la marca Iron Strong. Cruzamos el marketing de sus dos sectores, implicando a sus clientes del fitness en el tema de la joyería y a sus clientes de la joyería en el fitness. Esto ayudó a fortalecer su historia acerca del porqué hacía joyería para celebrar a mujeres en el fitness. A través de este co-marketing Tina obtuvo un inesperado y mayor crecimiento en el negocio del fitness que en el de las joyas.

La visión de Paul consistía en llevar su negocio a un punto tal que le permitiera concentrarse en oportunidades de crecimiento para la compañía y tener además mayor flexibilidad de pasar tiempo viajando, teniendo la seguridad de que su negocio seguía andando sin su imperativa presencia (Fase 3). En detalle, él imaginaba a la compañía presentando un nuevo tipo de material y proceso de fabricación de moldes que revolucionaría la industria, resultando en un significativo crecimiento para la empresa. También visualizó una mayor automatización de la producción y la gestión de información para mejorar la productividad e incrementar la capacidad.

Aprendimos mucho acerca de nosotros mismo y nuestras metas completando el Paso 1 (Evaluación y Previsión) de la Metodología SBPro. Ahora estamos listos para pasar al Capítulo 10 donde usaremos lo aprendido para completar el Paso 2 (Análisis y Recomendaciones)

Aprende más de los temas discutidos en este capítulo, en los cursos disponibles en la universidad Small Business Pro (www.SBProU.com).

Enseñanzas clave

1) Es muy difícil evaluarte a ti mismo - Busca ayuda.
2) La Evaluación SBPro es una herramienta poderosa de fácil uso.
3) Visualiza tu negocio - Debes verlo antes de hacerlo.

Capítulo 10- Paso 2: Análisis y Recomendaciones

Hasta ahora, debes tener una muy clara idea de que tu éxito en los negocios no será por accidente, sino más bien por diseño. Siguiendo cada uno de los pasos de la Metodología SBPro, tu negocio alcanzará crecimiento medible y progreso. En el Paso 2, el análisis implica tomar la información de la evaluación y detallar dónde actualmente estás, combinándolo con dónde te imaginas estar en el futuro (Véase Capítulo 9) para determinar el mejor curso de acción hacia tus objetivos. El análisis va a combinar esta información con investigación adicional, de carácter cuantitativa y cualitativa, para desarrollar una predicción de lo que se puede esperar bajo distintos escenarios. A partir de allí, buscarás recomendar el plan óptimo para alcanzar tus objetivos. El análisis y las recomendaciones para cada negocio son diferentes, dependiendo del tipo de compañía y la fase actual.

Paso 2:
SBPro® Análisis y Recomendaciones

Desarrollar Estrategia

⬇

Plan de Negocios

Copyright©2018 Andrew Frazier Jr. All Rights Reserved

Análisis

Es esencial ejecutar el análisis financiero usando la fórmula del Modelo de Negocio SBPro y la optimización de estrategia planteada en el Capítulo 3. Empieza por extraer la siguiente información de tu declaración financiera de los años recientes: Ventas (Ingreso), Costos Variables (COGs = Costos de los bienes vendidos), Ganancia Bruta, Gastos Fijos (Operativos) y Ganancia Operativa. Si has estado en el negocio por menos de un año o apenas estás empezando, estos elementos deberán ser estimados para el primer año.

SBPro® Modelo de Negocio (Declaración de Ingreso o P&L)		
INGRESO	+	
Costos Variables (COGS)	-	
Ganancia Bruta	=	
Costos fijos	-	
Ganancia Neta	=	

Con esta información, puedes empezar a optimizar el modelo de negocio y desarrollar un plan realista para alcanzar metas de ingreso y rentabilidad. Este es un proceso reiterativo, pues requiere repetición constante para lograr mejorías y determinar la mejor solución. Esto puede ser mejor esbozado en una hoja de cálculo para desarrollar proyecciones financieras de los próximos 3 años y actualizar fácilmente el modelo completo con cada ajuste.

A continuación, usemos un ejemplo de cómo deberías aproximarte a la construcción inicial del Modelo de Negocio SBPro que incluya el análisis y 3 años de proyección. El proceso empieza con la información de la declaración de ingreso actual (P&L), asumiendo que la meta en el proceso de crecimiento es ir de 100K$ a 175K$ maximizando la rentabilidad por los próximos 3 años. Esto requiere una tasa anual de crecimiento en el ingreso del 21%. Por lo tanto, el ingreso del año uno es calculado en 120K$, año dos en 145K$ y año tres en 175K$.

Entonces calculamos el factor de costo variable (VCF = COGS / Ingreso = $28K / $100K = 28%) desde la información actual de P&L. Esto significa que de cada dólar en ingresos te cuesta 28 centavos proveer el producto o servicio a tus clientes. COGS tiene una directa relación con las ventas (COGS = Factor X de Ventas). Esta relación es muy importante porque permite calcular el punto de equilibrio de las ventas. En consecuencia, COGS para el año uno es de 36,6K$, para el año dos de 40,6k$ y 49K$ para el año tres.

La Ganancia Bruta (GP, Gross Profit) es simplemente la diferencia entre ingreso y COGS (GP = Ingreso – COGS). Los costes fijos (Operativos) también son obtenidos de la información de P&L. Inicialmente, asumimos que los costos fijos (operativos) permanecen constantes en 41,5K$ para cada año. Finalmente, la ganancia operativa es la diferencia entre ingreso bruto y los gastos operativos (Ganancia Operativa = GP – Gastos Operativos)

El ingreso necesario para alcanzar tanto las metas en ventas como el punto de equilibrio en ventas es también proveído. Aquí se muestras en una base mensual (12 meses = 1 año) y semanal (1 mes = 4 semanas) para propósitos comparativos. El ingreso mensual y semanal requerido para alcanzar las metas visualizadas se calcula directamente desde la línea superior del modelo de negocio. Entonces, el punto de equilibrio de ventas anual (BE, Breakeven) se calcula de la siguiente forma {BE Ventas = Ingreso / [1 – Factor COGS]}. También de allí calculamos la base semanal y mensual.

Basándonos en estas asunciones, los datos del modelo de negocio de muestra con 3 años de proyecciones son presentados a continuación:

Proyecciones y Análisis del Modelo de Negocio (Inicial)

Proyecciones Financieras	Actual	%	Año 1	%	Difer	Año 2	%	Difer	Año 3	%	Difer
Ingreso	$100,000	100%	$120,000	100%	20%	$145,000	100%	21%	$175,000	100%	21%
Costo de bienes vendidos											
Costos Variables	$28,000	28%	$33,600	28%	20%	$40,600	28%	21%	$49,000	28%	21%
Ganancia Bruta	$72,000	72%	$86,400	72%	20%	$104,400	72%	21%	$126,000	72%	21%
Costos Fijos	$41,465	41%	$41,465	35%	0%	$41,465	29%	0%	$41,465	24%	0%
Ganancia Operativa	$30,535	31%	$44,935	37%	47%	$62,935	43%	40%	$84,535	48%	34%

Punto Equilibrio de Ventas	Actual	%	Año 1	%	Difer	Año 2	%	Difer	Año 3	%	Difer
Anual	$57,590	58%	$57,590	48%	0%	$57,590	40%	0%	$57,590	33%	0%
Mensual	$4,799		$4,799			$4,799			$4,799		
Semanal	$1,108		$1,108			$1,108			$1,108		

Plan de Ventas	Actual	%	Año 1	%	Difer	Año 2	%	Difer	Año 3	%	Difer
Anual	$100,000		$120,000		20%	$145,000		21%	$175,000		21%
Mensual	$8,333		$10,000			$12,083			$14,583		
Semanal	$1,923		$2,308			$2,788			$3,365		

Para optimizar el modelo de negocio, las proyecciones de 3 años son ajustadas en información cuantitativa y cualitativa obtenida posteriormente. La 1^{era} orden que el negocio requiere es determinar la estrategia de marketing y ventas que será implementada para alcanzar esa tasa de 21% de crecimiento anual. Utilizando el modelo de la 5 Fuerzas de Porter (entrantes, substitución, proveedores, clientes, competidores) para analizar el contexto competitivo. Luego determinar la propuesta de marketing usando el Mix de Marketing de las Siete P (Producto, Precio, Posicionamiento, Promoción, Plaza, Persona, Procesos y Prueba).

Más allá de esto, análisis adicional será enfocado en estrategias de ventas y marketing para alcanzar tus metas. Viendo esto desde un punto de vista cuantitativo, puedes echar un vistazo al número total de clientes, el tamaño promedio de órdenes, el monto anual gastado por cliente, así como el porcentaje de ingreso que tu mayor cliente representa. También es bueno ver tu proceso de conversión de ventas en términos del número de consultas que tienes, frente el número de prospectos, para llegar al número real de clientes que has asegurado a través del proceso. Analizando esta información, puedes pensar en cómo mejorar tus resultados para salir adelante en estas áreas. La estrategia para incrementar ingresos puede consistir en una o varias de las siguientes actividades: incrementar tus precios, vender más a tus clientes actuales, incrementar la frecuencia de ventas al cliente y/o vender a nuevos clientes.

Usa esta información y análisis adicionales para desarrollar la mejor estrategia de crecimiento de ingreso y alcanzar los objetivos previstos. Por ejemplo, puedes estar en condiciones de incorporar ventas mayores al proceso, lo cual puede incrementar el tamaño de tus ordenes promedio. También podrías llegar a tu objetivo de mercado más efectivamente y mejorar en tu tasa de conversión de clientes. Obtener retroalimentación de los clientes con relación a los procesos de ventas, el portafolio de productos, las promociones y las relaciones públicas puede proporcionarte otras maneras de mejorar la adquisición de clientes y las tasas de retención. Vemos en el siguiente cuadro las cuatro formas de incrementar el Ingreso:

Estrategias de Expansión de Ingresos

Incrementar el tamaño de las transacciones	Atraer más clientes
Incrementar Precios	Transacciones más frecuentes

      También es importante buscar nuevas formas de disminuir los costos variables (COGS). Algunas vías comunes para hacer esto son: reducir costos comprando mayor inventario a precio de descuento, buscar proveedores con mejores precios o incrementar la productividad en la entrega de tu producto o servicio para reducir el porcentaje del costo variable. Además, podrías ser más productivo con la mano de obra. Reducir el Factor Variable es la vía de mayor impacto en la reducción del COGS y en el consecuente incremento de la Ganancia Operativa. Algunas estrategias extras son mostradas en la imagen inferior.

Estrategias de Reducción del Costo Variable

- Descuentos de Volúmen
- Otros Proveedores
- Aumentar Eficiencia
- Usar Tecnología
- Replantear el Producto

Además, es importante minimizar los costos fijos sin producir un impacto negativo en las operaciones del negocio o comprometer la calidad del producto o servicio. Una forma en la que muchas compañías logran esto es mediante la tercerización de funciones como el pago de nómina, contabilidad o recursos humanos. Otras oportunidades de reducir costos fijos incluyen negociaciones en la reducción de la renta del inmueble, mejor y mayor uso de la automatización y/o tecnología y procesos de racionalización. Otras estrategias son enlistadas a continuación:

Estrategias de reducción de costos fijos
- Reducir los gastos de suministro
- Gastos financieros menores
- Modernizar los esfuerzos en Marketing
- Usar estrategias de tiempo efectivas
- Aprovechar tecnología virtual
- Reducir el enfoque
- Sacar el máximo próvecho del espacio
- Maximizar las capacidades de los empleados
- Concentrarse en calidad

Optimizar el modelo de negocio para desarrollar el plan que te impulse a alcanzar tus objetivos es un proceso de repetición constante que requiere múltiples actualizaciones y ajustes basados en los cambios de estrategia o hipótesis. Es importante comparar los resultados cada vez con la meta de Ganancia Operativa en tanto que ella es más importante que la meta de Ingreso.

Análisis de Iron Strong Jewelry

Observando a Iron Strong Jewelry, salta a la vista que la mayor necesidad de Tina está en el incremento del ingreso y la rentabilidad. Eso tomando en cuenta que la compañía ya tiene un gran nombre, productos diferenciados y una dueña apasionada. La implementación de su plan de marketing y la estrategia de ventas son esenciales en la realización de sus objetivos. Tina necesitaba ser más creativa y deliberada en sus esfuerzos en la adquisición de nuevos clientes. Su táctica requería ser más activa que pasiva, lo que le exigiría expandirse más allá de la presencia online y la propaganda de boca en boca. Necesitaba transformarse a sí misma, darle un giro a su personalidad introvertida para tornarse más activa en la interacción con nuevas personas. Ciertamente era algo factible, considerando cuan cómoda y apasionada ella se mostraba con personas ya conocidas. El desafío de Tina era encontrar el objetivo de mercado correcto del cual hablamos en el Capítulo 2 donde usamos el mismo caso de Iron Strong Jewelry como ejemplo. Desde este punto, discutimos el potencial de expansión de su foco de mercado considerando las siguientes sugerencias:

- Asociaciones – con Gimnasios, Pelotón (nuevo concepto de

spinning en casa), otros entrenadores, organizaciones sin fines de lucro.
- Ventas cruzadas – joyas y entrenamiento, compañías de salud y bienestar.
- Presentar nuevos productos – camisetas, máquinas de ejercicios, videos, etc.
- Venta, presentación o promoción de eventos – ciclismo, levantamiento de peso, carreras, etc.
- Reducir el objetivo de mercado, enfocarse en un nicho y definir el cliente ideal.
- Expandir el rango de los esfuerzos de marketing y ventas hasta incluir networking, boletines y marketing de e-mail.
- Desarrollar un nivel de comodidad y mejor contenido en la comunicación con otras personas acerca del negocio.
- Online – nuevo sitio web, redes sociales, publicidad pagada, YouTube.

Exploramos estas y otras oportunidades de marketing y ventas para incrementar los ingresos de Iron Strong Jewelry. El objetivo de Tina era "crear un terreno de juego en donde nadie más está jugando". Esto es lo que Michael Dermer llama "pensar como emprendedor" en su libro *El Emprendedor Solitario*.

Análisis de Exothermic

Ahora, echándole un vistazo a Exothermic Molding desde una perspectiva analítica, había tres áreas que destacaban del resto. En el lado positivo, la compañía tenía la fortaleza financiera y la flexibilidad para invertir en desarrollos posteriores para expandir el negocio, de lo cual muchas empresas carecen. Esto es muy útil en la ejecución de mejorías de negocio lo mismo que en la pavimentación del camino hacia un plan de éxito.

Por otra parte, en el lado negativo, Exothermic tenía problemas con el personal a pesar de ofrecer buenos salarios y otros beneficios. La mayoría de las compañías de manufactura en el estado de New Jersey y a lo largo del país tienen dificultades significativas en la contratación y retención de nuevos empleados, aun cuando su actual fuerza de trabajo va envejeciendo. Es difícil encontrar gente que esté dispuesta a trabajar bajo estas condiciones.

Para empeorar la situación, los empleados de nivel inicial empiezan a trabajar en el lijado para suavizar los bordes. Esto es algo que casi ningún joven, si es que hay alguno, visualiza como su futuro. Además, no hay un camino profesional claramente comunicado, por lo que la impresión del empleado puede ser que terminará trabajando como lijadora por un largo tiempo. En este caso, Exothermic tenía una necesidad por entrenamiento complementario para capacitar a sus empleados en diferentes áreas para reducir el potencial de cuellos de botella en su proceso de producción.

El siguiente tema es parte de la razón por la cual se atrasaron tanto. Había una oportunidad para implementar procesos estandarizados para gestionar la producción e incrementar el rendimiento de las métricas. Exothermic tenía un Sistema de Reporte Empresarial (Enterprise Reporting System – ERP) pero no estaba siendo usado a toda su capacidad. Además, la información que tenía requería ser descargada y analizada para hacerla utilizable.

Recomendaciones

El propósito del análisis es determinar las soluciones más apropiadas a ser recomendadas. Envuelve la determinación del camino óptimo para ir de donde estás (Evaluación) a donde quieres estar (Previsión). En pequeños negocios, hay usualmente más actividades de las que tus recursos pueden manejar. Priorizar recomendaciones ayuda a enfocarse en los resultados más valiosos. Para ser exitoso, deberías fijar no más de tres recomendaciones a la vez (Top 3). Hacerlo así evita caer en saturación o estancamiento.

Recomendaciones para Iron Strong Jewelry

1) Combinar los esfuerzos de marketing y branding para Iron Strong Fitness y Iron Strong Jewelry y expandir el rango de sus esfuerzos en marketing y ventas.
2) Producir eventos de Fit Fest durante los días festivos.
3) Expandir la línea de productos Iron Strong para incluir camisetas con contenido atractivo.
4) Lee sobre Dale Carnegie o toma su entrenamiento.
5) Rediseña tu sitio web
6) Actualiza la misión/visión para incorporar a los clientes objetivo.

Recomendaciones para Exothermic

Basado en mi análisis de Exothermic, había tres recomendaciones principales para aquellas cosas que necesitaban lograrse antes de que Paul incluso empezara a trabajar en un plan de sucesión y en los Indicadores de Rendimiento Clave (KPIs)

1) Reestructuración organizacional: crear estructuras más formalizadas, procesos, procedimientos y sistemas.
2) Expandir el uso del Sistema ERP y de otros recursos para acceder a información clave en una base oportuna.
3) Trabajar en estrategias de crecimiento personal para preparar una transición exitosa y convertirse en gerente de gerentes.
4) Define una carrera laboral para diferentes roles.
5) Implementa un entrenamiento general incluyendo tiempo en cada departamento/estación.

Aprende más de los temas discutidos en este capítulo, con los cursos disponibles en la universidad Small Business Pro (www.SBProU.com).

Enseñanzas clave

1) El análisis te ayuda a optimizar las estrategias empleadas para alcanzar tus objetivos.
2) Usa siempre el modelo de negocio como parte de tu análisis.
3) Concéntrate en no más de tres recomendaciones a la vez.

Capítulo 11 – Paso 3: Implementación y Seguimiento

Terry Trayvick es un líder de negocios de clase mundial que transformó un negocio en quiebra en una unidad corporativa con un valor de un billón de dólares. Sus esfuerzos en el liderazgo resultaron en un incremento de la rentabilidad de $80 Billones por año durante un periodo de 3 años. Como orador invitado destacado en el evento POWER BREAKFAST, del 25 de septiembre del 2017, él dijo que "la estrategia es necesaria, aunque no suficiente" y habló acerca de los seis principios para una ejecución exitosa:

1) Ser claro en tus aspiraciones.
2) Crear una estrategia real.
3) Asegurarte de que tienes la estructura adecuada para sostenerla.
4) Asegurarte de que tu cultura sea la correcta.
5) Alinear todos tus programas e iniciativas hacia la estrategia.
6) Medir todo y a todos.

Puedes tener la mejor estrategia y los mejores planes del mundo, pero si no puedes implementarlos, no prosperarás. Como resultado, la implementación exitosa es el paso más crítico en el camino de "Desarrollar tu negocio profesionalmente".

Recordarás que empezamos nuestro proceso por la evaluación de la situación actual, visualizando luego hacia dónde querías llevar tu negocio. Entonces ejecutamos el análisis para luego suministrar las recomendaciones de las estrategias óptimas que impulsarán la realización de lo que había sido visualizado para el negocio. Seguidamente, desarrollaremos una estrategia de implementación antes de ejecutar las recomendaciones. Considerando que el seguimiento de los resultados es esencial, debemos plantear una revisión del rendimiento actual versus el plan. Adicionalmente, el seguimiento te permite realizar importantes ajustes a lo largo del proceso para asegurar resultados óptimos.

Paso 3:
SBPro® Implementación y Seguimiento

```
┌─────────────────────────────────────┐
│                                     │
│        Tácticas operacionales       │
│                                     │
└─────────────────────────────────────┘
                  ▽
┌─────────────────────────────────────┐
│                                     │
│       Medición de Rendimiento       │
│                                     │
└─────────────────────────────────────┘
```

Copyright©2018 Andrew Frazier Jr. All Rights Reserved

Implementación

¿Por qué no implementar las recomendaciones inmediatamente? Cuando se están haciendo cambios en una organización, es esencial que tus líderes y supervisores entiendan qué será hecho y estén 100% embarcados en la iniciativa. Además, es imposible sobre comunicar el plan. Desarrollando una estrategia de despliegue, comunicarás mucho más efectivamente a tu organización completa respecto a dónde se dirigen las cosas.

El plan de implementación necesita indicaciones sobre quien será el responsable de qué parte del proceso, fomentado así la responsabilidad. De igual forma, se necesitan tener medidas de rendimiento que puedan ser usadas para propósitos de seguimiento. Una vez que estés listo para empezar y que el liderazgo esté a bordo y todo el mundo conozca su rol y responsabilidades, puedes desplegar los cambios en la organización. Durante el despliegue, es importante empezar con el seguimiento y la evaluación comparativa inmediatamente, de forma tal que puedas ver el impacto de la implementación tan pronto como sea posible – así como mantener y rastrear regularmente para asegurarse de que las cosas vayan de acuerdo con lo planeado. Cualquiera que haya implementado algo, sabe que rara vez las cosas salen según el plan ("Ley de Murphy"). Siempre se requieren algunos ajustes necesarios para alcanzar los resultados esperados. A través de un seguimiento cercano, verás cualquier desviación de las expectativas y serás capaz de ajustarte antes de terminar con resultados negativos o aprovechar oportunidades de nuevos beneficios usando las enseñanzas obtenidas.

Iron Strong Jewelry

Por ejemplo, mientras trabajaba con Tina Tang, había tres recomendaciones que fueron implementadas: la número uno implica la combinación de esfuerzos de marketing y branding para los negocios de Iron Strong Fitness y Iron Strong Jewelry; la número dos envuelve la producción de los eventos Fit Fest durante los días festivos; y la número tres consistió en expandir su línea de productos para incluir camisetas con contenido de vanguardia.

El plan de implementación de Tina de combinar las líneas de sus negocios de joyería y fitness con propósitos de marketing implicaba la creación de un mercadeo colateral que comunicase cada una de las líneas del negocio en diferentes lados de la tarjeta de marketing usada para difundir esta y otra información adicional. También, incluyó el desarrollo de un boletín semanal, enviado a su lista de distribución, con contenido relacionado al fitness para resaltar sus productos y servicios tanto en joyería como en fitness. Como punto extra, ella planeaba cruzar el mercadeo de su clientela existente asegurándose que los consumidores de un negocio se enterasen del otro y viceversa.

Tina concibió la idea de sostener los eventos Fit Fest a principios de diciembre para reunir a entusiastas del fitness y a vendedores relacionados con productos del fitness como una oportunidad para construir un conocimiento común, incrementar las ventas en festivos y hacer algo de dinero extra. Ella estableció el programa, desarrolló una estrategia de marketing y creó un presupuesto para rastrear su rendimiento.

Dado que el punto de precios de las joyas de Tina estaba alrededor de setenta dólares, decidió desarrollar algunos productos complementarios con la marca Iron Strong a un menor precio. Con esto esperaba incrementar ventas ampliando su alcance a mayor número de personas para expandir sus márgenes y aumentar su rentabilidad. Los eslóganes pegajosos fueron diseñados para diferenciarla de sus competidores en el mercado, proporcionando también un branding visible y más sólido para su compañía.

Exothermic

La estrategia de implementación organizacional de Exothermic consistió en la formalización de procesos dentro de la organización, así como la creación de sistemas que suministren información para la gestión efectiva de la compañía. Esto lo redujimos a las siguientes siete iniciativas:

1. Un plan estructural.
2. Un plan de personal.
3. Un plan de programa de entrenamiento.
4. Un plan de proceso de producción.
5. Un plan de integración ERP.
6. Un plan de reportes y métricas.
7. Construir un proceso de planeación y un plan de presupuesto.

Nos enfocamos en implementar el plan estructural delineando los roles específicos y responsabilidades a lo largo de la organización. A continuación, trabajamos en el plan de personal de acuerdo a las necesidades de los próximos tres años, mapeando la ruta para ir desde el nivel actual hasta la situación deseada. Esto incluyó crear una descripción para cada empleo en la compañía mientras el equipo de liderazgo trabajaba sobre el plan de procesos de producción. Así fueron capaces de reducir el número de ordenes atrasadas mediante el trabajo conjunto y las reuniones diarias. También crearon un proceso más efectivo en la planeación de los horarios de producción diarios y semanales, junto con el trabajo de seguimiento del progreso. Esto resultó en una disminución constante en el retraso de las ordenes mediante la manufactura más efectiva y la colaboración con los clientes en los ajustes de las fechas de entrega.

Con la posición de mánager de producción vacante, todos los supervisores tenían que involucrarse en el funcionamiento de las cosas. Haciendo esto, desarrollaron un proceso más exitoso para racionalizar el plan de producción. Luego pudieron tomar este proceso y automatizarlo utilizando los datos de su sistema ERP e introduciéndolo en un sistema de gestión de flujo de trabajo. Después de esto, las métricas y reportes de rendimiento podían ser hechas más efectivamente. Seguidamente, un proceso de planificación presupuestaria preparó mejor a Paul para pasar la mayor parte de su tiempo expandiendo el negocio, en lugar de trabajar dentro de él. Con esto él tendrá mejor información para controlar el rendimiento y potenciar a sus gerentes para tomar decisiones y cotizar precios de manera más efectiva. El equipo de liderazgo podrá utilizar reportes en tiempo real y métricas para tomar mejores y más oportunas decisiones. Esto ayudó a racionalizar el proceso de pedidos, organizar los sistemas de producción y reducir el tiempo de repuesta de las órdenes.

Mientras se implementaba la nueva estructura organizativa, introduje a Paul en el Programa Generador de Valor para prepararlo a su nuevo rol. Como dueño de negocio, debía aprender continuamente a capacitarte para llevar su negocio al siguiente nivel. Como resultado, Paul pudo entender mejor qué se necesitaba para realizar su visión, junto a su rol en el proceso de desarrollo. Cuanto más aprendía, mejor preparado estaba para posicionar la compañía y crear un organismo sostenible que se pueda auto gestionar exitosamente sin él. Más específicamente, ir de ser mánager dentro del negocio a convertirse en líder del equipo de manejo que administraría el negocio.

Seguimiento

Rastrear los resultados de la implementación es un proceso continuo. Al final de cada año, el proceso de planificación completo necesita ser revisado y actualizado usando los tres pasos que establecimos en la Metodología SBPro. Algunas personas escuchan la palabra "seguimiento" y reaccionan con temor al darse cuenta de que deben usar números y medidas cuantitativas para hacerlo correctamente (Véase lo aprendido en el Capítulo 3). También hay medidas de seguimiento cualitativas que deberían ser usadas según la naturaleza de tu negocio. Entonces ¿qué necesitas para rastrear resultados y cómo hacerlo? En muchos casos, es tan simple como establecer una comparación entre tus expectativas y los resultados obtenidos para determinar qué tan exitosamente han sido implementadas las recomendaciones.

Ventas & Marketing

Si estás lanzando un nuevo producto, lo primero y más importante que deberás hacer es rastrear las ventas proyectadas desglosándolas en objetivos diarios, semanales y mensuales. Necesitas conocer el costo real en la manufactura y distribución de tus productos y servicios para determinar si siguen la línea de tus expectativas. Además, mantener el seguimiento de la demanda te ayuda a asegurar que tienes la suficiente cantidad de inventario y a evaluar si debes reducir o incrementar los precios. Es importante rastrear si la efectividad de las campañas de marketing se aproxima a las expectativas. Finalmente, es conveniente que sepas cómo responden tus competidores al nuevo producto y cómo este impactará sobre el mercado.

Hay algunas mediciones que requieren ser rastreadas permanentemente para alcanzar los objetivos. Esto te da la capacidad de producir cambios necesarios a lo largo del año para mejorar el rendimiento de la compañía continuamente, en lugar de esperar por los resultados a fin de año. Esto te posiciona en un campo proactivo, en lugar de reactivo. La información de calidad es requerida para la mejor toma de decisiones, lo que es la clave para convertirse en un líder de negocios exitoso en el desarrollo del negocio profesionalmente.

<u>Servicio al Cliente & Experiencia</u>

Es seguro que querrás obtener la retroalimentación que los clientes dan de tu nuevo producto para aprender acerca de oportunidades de mejoría, calidad del servicio y consistencia. Encuestas, eventos en vivo, reunir información en el punto de ventas, compras de incógnito, llamar a una muestra de tus clientes, tener una caja de sugerencias, sostener un concurso, ofrecer un incentivo, monitorear el rating online o rastrear la cantidad de retornos son todos métodos que pueden ser usados en la evaluación de la percepción y la interacción que el cliente tiene con tu negocio.

<u>Gestión Financiera</u>

Todos los negocios necesitan rastrear muy de cerca sus ingresos, el porcentaje de costo variable, los costos fijos, rentabilidad y flujo de efectivo. Otras importantes mediciones pueden incluir el tiempo extra, capital de trabajo, inventario y gastos de capital para algunos negocios.

Iron Strong Jewelry

Ahora, echemos un vistazo a los resultados de implementación de Tina, el impacto que se produjo y qué tan diferente fue el rendimiento real de las expectativas. En términos de la combinación del fitness y la joyería, ella no se esperaba terminar con un incremento de sus clientes en el fitness. Aun así, sus ventas en joyas permanecieron inalterables. Muchos clientes conocían su negocio de joyería, pero ignoraban que también trabajaba como entrenadora. Una de sus amigas que en realidad estaba buscando un entrenador notó un anuncio en uno de sus boletines e inmediatamente se inscribió en uno de sus programas. Esto es algo que no hubiera sucedido si no hubiera sido comunicado efectivamente.

Juntos rastreamos el origen de sus clientes de joyas online y encontramos que buena parte de ellos provenían de búsquedas orgánicas en Google® y no tanto de la publicidad que ella estaba pagando. Como resultado, pudo reducir sus gastos en marketing. Aprendiendo quién realmente estaba comprando la joyería, ella determinó que sus clientes eran en realidad hombres comprando regalos para una mujer especial en celebración de la realización de logros en el fitness. Esta revelación la llevó a apuntar a un nicho diferente de clientes potenciales con mayor valor en relación a sus productos de joyería. Generalmente, la alta calidad de Iron Strong Jewelry y su personalización por grabado aportaban gran valor a la propuesta de Tina. Muchos hombres tienen dificultades encontrando regalos únicos y personalizados para esa persona especial y su propuesta llenaba perfectamente las expectativas.

Rastrear el progreso del evento Fit Fest implicaba el despliegue de una línea de tiempo de diferentes etapas a alcanzar. Tina rastreó el número y precio de los vendedores y el número de participantes frente a su presupuesto. También vigiló la reacción a las publicaciones online del evento. Esto le permitió evaluar el estatus primario de las cosas en una base regular para determinar dónde y cómo debería invertir su tiempo y esfuerzos de marketing. Adicionalmente, a través de encuestas y conversaciones directas con los participantes y vendedores pudo reunir valiosa retroalimentación y otras nuevas ideas acerca del evento. Otro elemento que fue rastreado fue el número de horas asociadas a la planificación del mismo. Basada en el seguimiento, fue capaz de vender sus espacios a vendedores de forma rápida y sencilla, lo que probó ser más efectivo que la venta de tickets individuales. Esto la llevó a pensar que sus precios a los vendedores eran mucho menores de los que podrían haber sido, decidiendo incrementarlos como parte del proceso de planeación del año entrante. También terminó gastando más tiempo personal del que había estimado. Tina necesitaba volverse más efectiva para el próximo año, ahora que debía estar sobre la curva del aprendizaje asociada con su primer evento. Asimismo, terminó por vender más joyas de las esperadas, lo que resultó genial. Por otra parte, se determinó que era necesario empezar con el marketing y las ventas más temprano en el año, sondeando el interés de los participantes en actividades adicionales, como clases o talleres durante el evento.

Basados en lo que Tina aprendió e implementó en su primer Fit Festival, el siguiente año presentó una clase de entrenamiento al principio del evento que atrajo a más participantes. Logró más vendedores que pagaron el doble de lo que pagaron el año anterior. Esta fue una señal de que probablemente podría aumentar los precios para el año siguiente. En suma, Tina recaudó mucho más dinero e invirtió mucho menos tiempo en la realización del Segundo Fit Festival. En general, la retroalimentación de cada grupo de participantes fue incluso más positivo respecto al año anterior y tanto vendedores como asistentes aprobaron satisfactoriamente la existencia de una o dos clases adicionales para ese día, abriendo la puerta para su implementación al año próximo.

Tina decidió probar el producto de las camisetas frente al mercado mediante la producción de un número limitado con un único diseño, usando la metodología delineada en el libro *The Lean Startup* de Eric Ries. Esto le permitió calibrar mejor al mercado para este nuevo producto con una inversión mínima. El producto fue también ofrecido en venta en una competición de levantamiento de peso para mujeres, resultando en una experiencia mejor de la esperada. Tener camisetas incrementó la visibilidad de su mesa de venta, motivando a muchas personas a acercarse y verlas expuestas al mismo tiempo que la joyería. Tina vendió su inventario completo aquel día, tomando varias órdenes extras de aquellos que se quedaron sin camisetas. Seguidamente, decidió agregar un nuevo diseño a ser escogido de tres opciones en una competición online que sería sostenida después del evento. Actualmente sigue vendiendo estas camisetas a través del boletín mientras trabaja en el enriquecimiento de sus diseños.

Exothermic

Desarrollamos un tablero para rastrear el progreso en las etapas de cada una de las siete iniciativas delineadas en el Plan de Estructuración Organizacional de Exothermic. Esto nos proveyó un reporte de 1 página, lo cual es una forma sencilla de actualizar y ver claramente el estatus de implementación de las recomendaciones. El Programa Generador de Valor se estructuró con 12 módulos que se auto actualizan mediante un tablero electrónico que puede ser usado para rastrear el progreso de Paul.

Próximos Pasos

La Metodología SBPro de tres pasos es un proceso de repetición que debe ser ejecutado una y otra vez para mejorar continuamente sobre tu negocio. Cada evaluación te mostrará qué tan lejos has llegado y cuáles cambios podrías hacer en tu previsión del futuro. Análisis adicionales pueden proporcionarte nuevas perspectivas que a su vez producirán mejores recomendaciones. La aplicación exitosa de estas recomendaciones y el seguimiento de su progreso te ayudarán a alcanzar e incluso a exceder tus objetivos. ¡Esta es la forma de lograrlo!

SBPro® Metodología

Copiright©2018 Andrew Frazier Jr. Todos los derechos reservados

Aprende más de los temas discutidos en este capítulo, con los cursos disponibles en la universidad Small Business Pro (www.SBProU.com).

Enseñanzas clave

1) La estrategia es necesaria, pero no suficiente.
2) Los planes de implementación requieren responsabilidad.
3) Rastrea la información tanto cuantitativa como cualitativa.
4) Compara el rendimiento con los planes regularmente y has los ajustes apropiados.
5) La Metodología SBPro es un proceso de repetición.

Conclusión

Este no es el fin. Este es – ojalá – el principio de una trayectoria ascendente para tu negocio. Estoy emocionado de poder ser parte de tu plan de crecimiento y de continuar contribuyendo a él... Sería genial poder escuchar tu historia de éxito.

Aprecio que hayas sacado el tiempo de tu apretado horario para aprender acerca de la metodología de Desarrolla tu Negocio Profesionalmente y espero que te hayas vuelto significativamente más conocedor respecto al manejo efectivo de tu negocio. Fue un honor compartir contigo mi experiencia y la de algunos de nuestros clientes y colegas para prepararte mejor para enfrentar los desafíos y obstáculos propios de todo dueño de negocio. Incluso si solo tomaras en cuenta un solo elemento del libro entero, este aun probará ser una excelente inversión.

Al seguir adelante, la economía y la competencia se tornarán todavía más desafiantes para los dueños de pequeña empresa. En esto el conocimiento logrado te preparará para competir más efectivamente en contra de compañías de cualquier tamaño – incluidas compañías de Fortune 500. Otro reto que enfrentarás es que cada vez más y más gente será incapaz de mantenerse como fuerza de trabajo empleada al decidir iniciar nuevos pequeños negocios para crear un ingreso por sí mismos, especialmente aquellos que están envejeciendo, las víctimas de la reducción corporativa o los desplazados por la Inteligencia Artificial o la automatización. Incluso ese escenario podría probar ser una oportunidad al proporcionar acceso a empleados de calidad a mucho menor costo.

Aunque este libro cubre gran cantidad de material y debería haberte dado buenas dosis de perspectiva, solo rasguña la superficie de lo que realmente necesitas saber. Por eso creé la universidad Small Business Pro (www.SBProU.com), que provee numerosos recursos incluyendo videos, webinars y cursos para ayudarte a incrementar continuamente tu conocimiento de los negocios. Adicionalmente, estaremos presentando una serie de libros que expandirán tu conocimiento en los temas tratados, como, por ejemplo:

- Running Your Small Business Like A Pro Workbook
- How To Sell More With Customer-Centric Marketing; Talk To Your Prospects, Not to Yourself

- **Market Your Business Like A Drug Dealer and Win More Customers**
- **Get Your Business Financed Faster and Easier**; The P.R.A.Y. System to Access Capital
- **Exit Your Business More Profitably**; The Keys to Effective Succession Planning.

Si necesitas ayuda inmediata, nuestro equipo de Asesoría de Negocios puede apoyarte suministrando coaching, consultoría y/o servicios de entrenamiento. Yo también podría estar disponible para hablar o facilitarte cursos virtuales o presenciales. Puedes aprender más al respecto ingresando en nuestro sitio web www.SmallbusinesslikeaPro.com.

Enseñanzas Clave

Prólogo

1) ¡Nada es imposible!
2) Tu imaginación es tu mejor amigo.
3) No dejes que el miedo al fracaso se interponga en la realización de tus sueños y objetivos.

Prefacio

1) La clave del éxito está en tomar buenas decisiones de negocio – cuanto mejor sea la información, mejores serán las decisiones.
2) Hay dos formas de ganar conocimiento en los negocios: con planeación y preparación o perdiendo dinero. ¿Cuál prefieres?
3) Aprende de las malas decisiones de otros.

Introducción

1) El ambiente empresarial es más competitivo que nunca para pequeños negocios.
2) La mayoría de los pequeños negocios necesitan ayuda para incrementar su conocimiento empresarial, desarrollar relaciones valiosas y acceder a recursos importantes.
3) ***Desarrolla Tu Negocio Como Un Profesional*** delinea el proceso paso a paso para impulsarte exitosamente hacia la realización de tus metas.

Sección I
¡Lo que no sabes te hará daño!

Capítulo 1 - ¿Como llegué aquí?

1) Ser claro acerca de porqué eres dueño de negocio y qué beneficios buscas.
2) Entender si crear una empresa es crítico y necesario en la realización de tus metas.
3) Tener un plan y actualizarlo continuamente para acrecentar tu conocimiento del negocio, tu capacidad de organización y los mercados a los que sirves.
4) Seguir el sendero crítico de trabajar DENTRO del negocio (entrega del producto/servicio), a trabajar SOBRE el negocio (optimización del modelo de negocio) y finalmente EN EL FUTURO del negocio (expansión de mercado).
5) Usar la Metodología SBPro como proceso de continua mejoría.

Capítulo 2 - ¿Cuál es mi trabajo más importante?

1) Entiende que tu trabajo más importante consiste en el marketing y las ventas, a los cuales te deberías dedicar al menos dos horas al día.
2) Es importante mejorar continuamente tus habilidades a través del entrenamiento, práctica y aprendizaje de lo que otros negocios hacen.
3) Cuanto más específicamente definas tu objetivo de mercado, más éxito tendrás.
4) La marca personal se construye trabajando en la creación de la imagen que los clientes tienen de tu negocio.
5) Las personas no compran lo que vendes. Compran <u>el beneficio que ven en lo que estás vendiendo</u>. Concéntrate en el cliente y háblales a sus necesidades.

Capítulo 3 - ¿Cuál es mi mayor miedo?

1) Hacer los números no es tan difícil como parece.
2) No puedes entender el negocio si no entiendes los números.
3) Sin los números terminaras trabajando "**DENTRO**" del negocio en lugar de "**SOBRE**" él.
4) Los números te ayudarán a planificar y anticipar efectivamente.

5) Esperar solo te saldrá más caro (buenas decisiones vs. aprender de las malas

Capítulo 4 - ¿Dónde encontraré el dinero?

1) Tu reporte de score personal es esencial.
2) Tener un bien colaterales de garantía es de gran ayuda.
3) Tus declaraciones de impuestos deben estar completas y mostrar (ojalá) que estás haciendo dinero.
4) Sin sorpresas. La transparencia total es de vital importancia. Es mejor declarar algo negativo a que luego salga a la luz por cuenta propia. Tu credibilidad es uno de los pilares para obtener el financiamiento.

Capítulo 5 - ¿Soy yo o mis empleados están locos?

1) Incorporar personas cambia tu organización y depende de ti que sea para bien o para mal
2) Manejar, contratar y tratar con gente puede ser uno de los mayores retos de un dueño de negocio.
3) Es difícil, si no imposible ser buen supervisor y mánager efectivo al mismo tiempo.
4) Como eres el propietario, tienes el control y puedes diseñar todas las reglas. Solo tú tienes las herramientas para crear una situación mejor.
5) Crear la estructura, los procesos y los sistemas del negocio no es un trabajo fácil ni rápido.
6) Debes crear una estructura organizacional antes de tener procesos y debes tener procesos antes de desarrollar los sistemas.

Capítulo 6 - ¿Puedo tener mi antiguo trabajo de vuelta?

1) En los negocios, estas asumiendo un gran riesgo personal. Además, serás el último en ser pagado, si es que queda algún dinero.
2) Como dueño de negocio deberás trabajar más duro y tal vez ganar menos dinero que antes.
3) No es tan fácil como levantarse y renunciar. Tu vida y la de tu negocio están entrelazadas social y financieramente.
4) Tener un negocio es como criar a un hijo. Se adueñará de tu vida y será parte de tu identidad.

Capítulo 7 - ¿Cómo lograré retirarme?

1) Uno de los trabajos del emprendedor está en descifrar cómo salirse del negocio.
2) Como dueño de negocio, eres 100% responsable del desarrollo e implementación de la estrategia de retiro.
3) Prepárate para el retiro temprano, comprando un seguro de vida permanente, pagando los impuestos del Seguro Social, organizando un plan de retiro, obteniendo un seguro de incapacidad y quedándote casado.
4) Enfócate en maximizar el valor de tu negocio y desarrollar una o varias estrategias de salida viables. Empieza al menos 5 años antes de querer vender.
5) La rentabilidad y no las ventas determinan el valor de tu compañía. Un rango que va de 2 a 4 veces la rentabilidad más los activos menos los pasivos proveen una indicación de valor general.
6) Obtén una puntuación de Value Builder para ver cómo tu compañía se posiciona en cada uno de los 8 indicadores de valor. Visita www.SBProValueBuilder.com

Sección II
¡Esta es la forma de lograrlo!

Capítulo 8 -Desarrolla tu negocio como un profesional

1) Cada negocio necesita tener un proceso definido para moverse hacia adelante.
2) El sendero crítico para un viaje empresarial exitoso consiste en: trabajar **DENTRO** del negocio, luego trabajar **SOBRE** el negocio y finalmente **EN EL FUTURO** del negocio.
3) La mayoría de los pequeños propietarios no llegan a trabajar SOBRE su negocio. Esto se debe a la falta de conocimiento respecto al cómo y al porqué.
4) Necesitas evaluar el estatus actual del negocio, analizar sus necesidades para el futuro crecimiento y desarrollar e implementar un plan de crecimiento usando la Metodología SBPro.
5) Los pasos de la Metodología SBPro son los siguientes: Evaluación y Previsión, Análisis y Recomendaciones, Implementación y Seguimiento.
6) Considera muy seriamente si necesitas contratar consultoría externa que te ayude en el proceso.

Capítulo 9- Paso 1: Evaluación & Previsión

1) Es muy difícil evaluarte a ti mismo - Busca ayuda.
2) La Evaluación SBPro es una herramienta poderosa de fácil uso.
3) Visualiza tu negocio - Debes verlo antes de hacerlo.

Capítulo 10- Paso 2: Análisis y Recomendaciones

1) El análisis te ayuda a optimizar las estrategias empleadas para alcanzar tus objetivos.
2) Usa siempre el modelo de negocio como parte de tu análisis.
3) Concéntrate en no más de tres recomendaciones a la vez.

Capítulo 11 – Paso 3: Implementación y Seguimiento

1) La estrategia es necesaria, pero no suficiente.
2) Los planes de implementación requieren responsabilidad.
3) Rastrea la información tanto cuantitativa como cualitativa.
4) Campara el rendimiento con los planes regularmente y has los ajustes apropiados.
5) La Metodología SBPro es un proceso de repetición.

Lecturas Recomendadas
(inglés y español)

5 Second Selling
por Paul Holland

10 Ways to Get Sued by Anyone and Everyone: The Small Business Owners Guide to Staying Out of Court
por Mitchell C. Beinhaker y Barry H. Cohen

10 Ways to Screw Up an Ad Campaign
por Barry H. Cohen

A Setback Is a Set-Up for A Comeback
por Willie Jolley

La Estrategia del Oceano Azul
por W. Chan Kim and Renée Mauborgne

Crea una Empresa que Pueas Vender
por John Warrillow

El Mito del Emprendedor
El Mito del Emprendedor Dominado
por Michael Gerber

Finish Big
por Bo Burlingham

Cómo ganar amigos e influir sobre las personas
por Dale Carnegie

El Método Lean Start-Up
por Eric Ries

Most Likely to Succeed: The Frazier Formula for Success
por Evan Frazier
Mi Manual de Mi Plan de Negocios

por Laurana Edwards

Strategic Influence
por Dale Caldwell

El Plan de Marketing de 1 Página
por Allan Dib

Los 7 Hábitos de la Gente Exitosa
por Steven R. Covey

The Lonely Entrepreneur
por Michael Dermer

El Millonario de Al Lado
por Michael Dermer

El Hombre Más Rico de Babilonia
por George S. Clason

The Wealthy Barber
por David Chilton

Think and Grow Rich: A Black Choice
por Dennis Kimbro

¿Quién Se Ha Llevado Mi Queso?
por Spencer Johnson

Why Should White Guys Have All the Fun?
por Reginald Lewis

Biografía del Autor

Andrew Frazier, MBA, CFA
Business Growth Pro y CFO
Fundador de la Universidad Small Business Pro

Andrew Frazier capacita a los dueños de negocios para maximizar el valor de sus empresas ayudándolos a aumentar los ingresos, mejorar la rentabilidad y obtener financiamiento. Los guías a lo largo del camino crítico para crear un negocio sostenible que pueda funcionar sin ellos, brindando valiosos servicios de coaching, consultoría y capacitación. El Sr. Frazier ha trabajado de manera individual con más de 1,000 dueños de negocios y ha enseñado a miles de personas sobre negocios. Su experiencia en estrategia empresarial y gestión financiera le permite adoptar una perspectiva holística y ofrecer soluciones óptimas para los clientes.

El libro del Sr. Frazier, "Running Your Small Business Like A Pro", ayuda a las personas a aumentar la probabilidad y magnitud de su éxito en los negocios. También ha organizado eventos POWER BREAKFAST en el norte de Nueva Jersey durante más de 10 años, generando un impacto económico y financiamiento de más de $10 millones para más de 1,000 asistentes. Recientemente, fue reconocido por el senador de EE. UU. Cory Booker y el gobernador de Nueva Jersey Phil Murphy por sus contribuciones a la comunidad de pequeñas empresas. Su Small Business Pro University en línea proporciona a los emprendedores acceso a las mejores prácticas y conocimientos útiles para gestionar sus negocios de manera más profesional.

Andrew es el anfitrión del podcast y transmisión en vivo Leadership LIVE @ 8:05! – Talking Small Business. Sus artículos han aparecido en Professional Performance Magazine, Manufacturing Matters, la edición digital de Sales and Marketing Management, "Octane", el blog mundial de la Entrepreneurs' Organization (EO), Inc.com, SmallbizDaily.com, Americanentrepreneurship.com y NJ Business magazine. También fue entrevistado en el programa Family Business World de RVN.TV y en el programa de radio sindicado "School for Startups Radio".

Andrew se graduó del MIT con una licenciatura en Ingeniería Mecánica, obtuvo un MBA en Finanzas de la NYU y logró la designación de Analista Financiero Certificado (CFA). Su experiencia abarca diversas áreas como oficial naval, gerente de operaciones, ejecutivo corporativo, gestor de inversiones, inversionista inmobiliario, líder sin fines de lucro, miembro de la junta, dueño de negocio, profesor, entrenador, consultor y autor. Obtenga más información sobre Andrew en su perfil de LinkedIn en https://www.linkedin.com/in/andrewfrazier.

El Sr. Frazier lleva más de 30 años casado, tiene dos hijos y reside en Montclair, Nueva Jersey.

Página Web

www.SmallBusinessLikeAPro.com

www.SBProU.com

Sitios Web adicionales
- **Podcast y contenido en vivo** – www.LiveAt805.com
- **Blog -** https://www.sbprou.com/sbpro-blog

Redes Sociales

LinkedIn
- Perfil personal: AndrewFrazier
    - https://www.linkedin.com/in/andrewfrazier/
- Perfil de la compañía:
    - https://www.linkedin.com/company/small-business-pro-university

Facebook
- Perfil personal: Andrew.Frazier.Jr
    - https://www.facebook.com/andrew.frazier.jr
- Perfil de la compañía: SBProU
    - https://www.facebook.com/SBProU/

Twitter
- @Andrew_Frazier
    - https://twitter.com/Andrew_Frazier
- @SmBizLikeAPro
    - https://twitter.com/SmBizLikeAPro

Instagram
- Small_Business_Like_A_Pro
    - https://www.instagram.com/andrew_frazier_sbpro/

YouTube
- Small Business Pro University
    - https://www.youtube.com/c/SmallBusinessProUniversity

Small Business Like A Pro

Ayudando a emprendedores y dueños de pequeños negocios a...

Incrementar los ingresos
Aumentar la rentabilidad
Obtener financiamiento

Proporcionar a emprendedores, propietarios de negocios y líderes organizacionales acceso a la experiencia, herramientas y recursos que necesitan para competir eficazmente en este entorno empresarial global, impulsado por la tecnología y de ritmo rápido. Nuestros servicios incluyen:

- Coaching
- Consultoría
- Entrenamiento
- Pláticas

www.RunningYourSmallBusinessLikeAPro.com

Universidad Small Business Pro (SBProU)

Misión
Ayudar a 1,000,008 emprendedores y dueños de negocios a aumentar los ingresos, mejorar la rentabilidad y obtener financiamiento para el año 2028.

Visión
Convertirnos en el líder que proporciona a emprendedores, dueños de pequeñas empresas y líderes organizacionales acceso a la experiencia, herramientas y recursos necesarios para competir de manera efectiva en este entorno empresarial global, impulsado por la tecnología y de ritmo acelerado.

Valores
Utilizar la creatividad para combinar eficazmente el conocimiento con la experiencia, permitiendo a los emprendedores y dueños de pequeñas empresas lograr una mejora continua a lo largo de su trayectoria para desarrollar una empresa sostenible.

www.SBProU.com

Ofertas SBProU

Cursos
- Cursos Individuales
- Paquetes

Programas de Entrenamiento
- Programa de Entrenamiento del Maestro Emprendedor
- Acelerador de Crecimiento del Maestro Emprendedor

Programas de Coaching
- Individual (1-a-1)
- Estrategia SBPro
- La Guía del Maestro Emprendedor

Departamento de prensa de la Universidad SBPro
- Libros y libros dinámicos

Membresías
- Red Small Business Pro
- The Masterpreneur Club

Leadership LIVE @ 8:05 – Talking Small Business
- En vivo los jueves a las 8pm horario Bogotá
- Podcast – jueves a las 8am horario Bogotá

Prensa SBProU

Los libros actuales publicados por Small Business Pro University Press son los siguientes:
- Running Your Small Business Like A Pro
- Running Your Small Business Like A Pro – WORKBOOK
- La Guía del Maestro Emprendedor

La editorial de Small Business Pro University Press está expandiendo continuamente su biblioteca de valiosos libros de negocios para emprendedores. Los siguientes libros son algunos de los que están en desarrollo...
- Obtén Financiamiento para tu Negocio de Forma Rápida y Sencilla
- Secretos para Maximizar la Rentabilidad
- Cómo Vender Más con Marketing Centrado en el Cliente
- Promociona tu Negocio como un Traficante de Drogas y Gana Más Clientes

Dado que cada persona aprende de manera única, SBPro University Press pondrá a disposición estos libros en varios formatos, incluyendo...
- - Libro en Tapa Blanda (inglés y español)
- - Libro Electrónico (eBook)
- - Audiolibro
- - Libro Multimedia
- - Cursos (Presenciales, Virtuales y en Línea).

Oferta especial

25% de descuento
En programas de entrenamiento del Maestro Emprendedor

https://www.sbprou.com/special-offer

Gracias por comprar mi libro

Andrew Frazier, MBA, CFA
Fundador de la Universidad Small Business Pro
Andrew@MySBPro.com
www.SBProU.com